경희대학교 아프리카연구센터 역사총서 11

카메룬의 역사

홍명희 저

홍명희 교수는 프랑스 부르고뉴 대학에서 문학박사 학위를 받았으며, 경희대학교 프랑스어학과 교수로 재직하고 있다. 경희대학교 아프리카연구센터 소장직을 역임했다.

※ 이 저서는 2020년 대한민국 교육부와 한국연구재단의 지원을 받아 수행된 연구임 (NRF-2020S1A5A2A03041489)

서문

　아프리카는 인류가 최초로 등장할 만큼 풍요로운 자연환경의 지역이지만, 현대사의 관점에서 보면 서구 열강의 침탈을 가장 심하게 겪은 질곡의 땅이기도 하다. 광활한 지역에 걸쳐 다양하고 독자적인 문화를 유지하고 있던 아프리카는 유럽의 아프리카 진출 이후 극심한 변화를 겪게 된다. 18세기 말에서 20세기 전반기에 이르는 동안 서구 제국주의에 대한 방비가 되어 있지 못했던 아프리카의 운명은 유럽의 식민지 쟁탈전에 대해 무방비 상태에 놓이게 된다. 유럽 국가들의 식민지 정책은 아프리카인들의 삶을 송두리째 바꾸어 놓았고, 그 영향은 오늘날까지 계속되고 있다. 카메룬은 이러한 아프리카의 아픈 역사를 가장 잘 보여주는 나라 중 하나이다.

　18세기 유럽의 산업혁명 이후 전통적 농업 생산력의 상실과 노동력의 부족, 그리고 산업화에 따른 원자재 조달의 필요성을 강하게 느낀 유럽이 그 해결책으로 찾은 것이 아프리카 대륙에 대한 착취였다. 19세기 말에 아프리카에 진출한 유럽 제국주의 국가들 중 선두 주자는 단연 영국과 프랑스였다. 이들 두 나라는 19세기 초부터 아프리카 대륙에 대한 종단정책(영국)과 횡단정책(프랑스)을 내세우며 아프리카 대부분의 지역을 양분하였고, 나중에는 독일, 벨기에, 포르투갈, 스페인 등의 국가들도 식민지 쟁탈에 뛰어들게 된다.

　아프리카에 대한 유럽의 진출 이유는 지역별로 다양한 이유로 나타난다. 서아프리카 해안지역에 대한 진출은 노예를 통한 노동력의 확보와 원자재 확보가 우선이었고, 북아프리카 지역에 대한 진출은 지정학적, 군사적 교두보 확보가 우선시 되었다. 유럽 국가들의 이러한 지역별 전략은 해외지역에 대한 갈등 해소라는 명분으로 아프리카 대륙에 대한 그들만의 분배 협상을 가능하게 한 이유 중 하나이기도 했다. 유럽 각국은 자신들의 선호도와 필요에 따라 아프리카를 분배하는 데 큰 어려움이 없었다. 그러나 카메룬은 이 모든 요소들을 다 가지고 있다는 것이 문제였다. 유럽 열강들은 카메룬의 경제적, 지정학적, 군사적 중요성으로 인해 카메룬 지역에 대한 타협 없는 쟁탈전을 벌였고, 그 결과 카메룬은 현재 아프리카 국가 중 독일과 영국, 프랑스의 지배를 모두 경험한 독특한 나라가 되었다. 15세기 말 포르투갈인들에 의해 최초로 발견된 이후, 카메룬은 포르투갈, 네덜란드, 영국, 프랑스, 독일 상인들의 상업 활동의 무대였으며, 19세기 말부터는 차례로 독일보호령, 영국과 프랑스의 위임통치령, 프랑스의 단독 통치에 따른 동일화 정책 등 유럽 3개국의 식민 통치를 받게 된다. 이 시기의 독특한 피식민 통치의 경험은 오늘날까지 카메룬의 문화와 제도에 배어들게 되었고, 그 결과는 카메룬 역사와 현재의 카메룬인들의 삶에 고스란히 남아있다. 예를 들어 카메룬은 영어와 프랑스어를 모두 공용어로 채택하고 있는 나라이다. 이것은 카메룬이 영국과 프랑스의 식민 지배를 동시에 받은 역사적 사실의 영향인데, 실제로는 프랑스어권의 인구가 80% 이상을 차지하고 있다. 이러한 상황은 필연적으로 소수자인 영어권 지역 국민들에 대한 차별로 이어지게 되어, 최근 카메룬에서는 영어권 지역의 폭동사태 등이 빈발하고 영어권 분리 독립 투쟁으로 이어지고 있다.

카메룬은 아직 우리에게 낯선 아프리카 중에서도 더욱 관심을 갖기 어려운 나라 중 하나이다. 그러나 한국의 미래 파트너로서의 아프리카 국가 중 빼놓을 수 없는 나라이기도 하다. 모쪼록 이 책이 카메룬에 대한 우리의 관심을 불러일으키는 데 일조하기를 바란다.

목차

1장 근대 이전의 카메룬 ·· 3
1. BC 10세기- AD 15세기 ·· 4
사오족 ··· 5
2. 왕국의 형성 ··· 7
1) 카넴-보르누 왕국 ·· 8
    카넴 왕국 ·· 8
    카넴-보르누 왕국 ·· 9
2) 코토코 왕국 ·· 12
3) 만다라 왕국 ·· 13
4) 바뭄 왕국 ··· 15
3. 16세기에서 19세기까지의 카메룬의 상황 ······················ 21
풀라니족과 팡족의 이주 ··· 21
카메룬의 민족 구성 ·· 23
베티-파훤 Beti-Pahuin ·· 23
팡 Fang ··· 24
바밀레케 Bamiléké ·· 25
바싸 Bassa ··· 27
바뭄 Bamoum ·· 28
풀라니 Fulani, Peuls ··· 29
반다 Banda ·· 30

그바야 Gbaya	31
참바 Chamba	32
코토코 Kotoko	32
마사 Massa	33

2장 유럽의 진출 ···································· 38

1. 독일 보호령 이전 ···································· 38
포르투갈의 진출 ···································· 38
흑인 노예무역과 카메룬 해안의 상황 ···································· 40
영국의 진출 ···································· 42

2. 독일보호령 시대 ···································· 44
1) 독일과 카메룬의 보호조약 체결 ···································· 44
2) 독일의 카메룬점령과 영토 확장 ···································· 50
   독일의 카메룬 점령 ···································· 50
   카메룬 영토의 확정 ···································· 54
3) 독일보호령 시대의 카메룬 개발 ···································· 56

3. 프랑스와 영국의 지배 ···································· 59
1) 영국과 프랑스의 전시 공동통치 ···································· 59
2) 카메룬의 분할 ···································· 59
3) 프랑스 식민지 시대 ···································· 61
   프랑스식 통치제도의 정착 ···································· 61
   지방의회 ···································· 63
   지도자 협의회 ···································· 63
   전통적 지도자의 퇴출 ···································· 64
   프랑스통치 시대의 개발 ···································· 66
   교환 경제의 성장 ···································· 70
   도시화 ···································· 73

  강제노역 ··· 74
4. **식민지 탈출** ··· 76
 1) 식민지 정책의 자율화와 자치정부의 성장 ················· 76
 2) 2차 대전과 카메룬 ··· 79
 3) 신탁통치 시대 ··· 85
  영국의 신탁통치 ·· 86
  프랑스의 신탁통치 ·· 88
 4) 2차대전 이후의 카메룬 ··· 89
  카메룬 정치세력의 등장 ·· 89
  카메룬 인민연맹(UPC)의 창설 ···································· 90
  UPC의 무장화와 카메룬 전쟁 ··································· 93
  데페르 기본법과 카메룬의 독립 ································· 96
  아마두 아히조의 등장 ·· 98

3장 독립 이후의 카메룬 ·· 101

1. **카메룬 연방공화국** ·· 101
 1) 남부 카메룬과의 연방 ·· 101
 2) 내전과 권력의 강화 ··· 105

2. **통일 카메룬 공화국** ··· 107

3. **폴 비야 시대** ··· 111
  카메룬 나이지리아 영토분쟁 ····································· 114
  암바조니아 독립전쟁 ··· 117

카메룬 연보 ·· 120

참고문헌 ··· 127

카 / 메 / 룬 / 의 / 역 / 사

1장 근대 이전의 카메룬

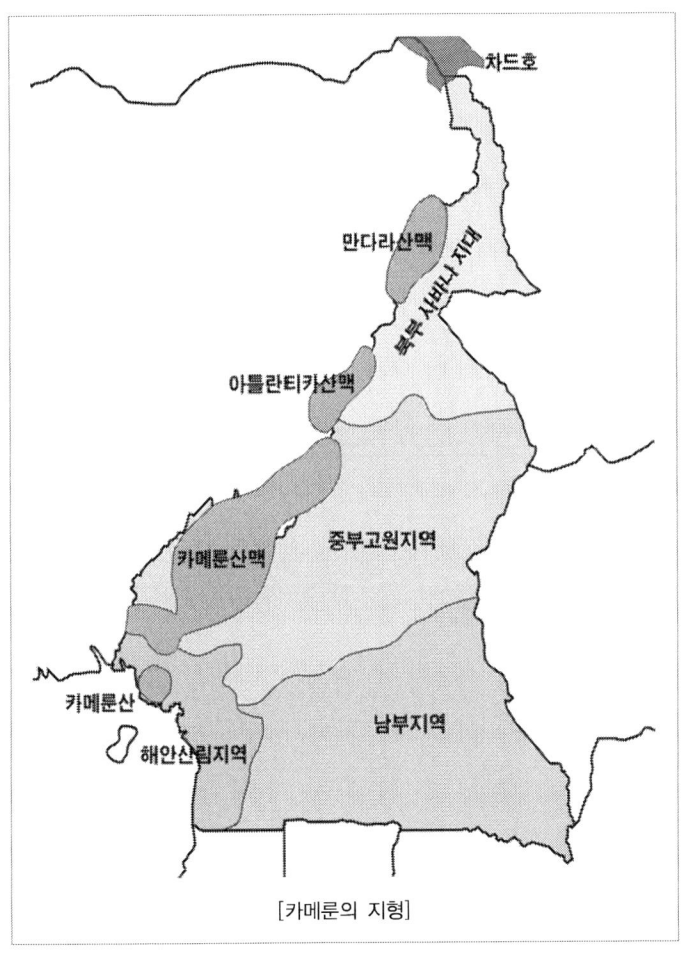

[카메룬의 지형]

1. BC 10세기– AD 15세기

현재의 카메룬 지역에 최초로 인류가 거주했던 때는 구석기 시대였을 것으로 추정되고 있다. 야운데(Yaoundé)와 오콜라(Okola) 등 카메룬 영토의 몇 곳에서 구석기 시대의 유물이 발견되었지만, 그 수는 많지 않다. 신석기 시대의 유물은 카메룬 중부 지역에서 많이 발견되었는데, 주로 돌도끼, 돌끌, 숫돌, 돌무덤 등이 주를 이룬다.

[신석기 시대의 돌 장벽(북부 카메룬)] [신석기 시대의 돌 연마기(베누에 강가)]

카메룬에 처음으로 집단 거주를 한 민족은 피그미족이라고도 불리는 바카족(Baka)이었을 것이라고 짐작되고 있다. 이들은 지금도 카메룬 남부와 동부의 산림지대에 거주하고 있다. 그러나 최초로 이 지역에 대규모로 이주해서 살았던 민족은 반투족(bantou)이다. 기원전 10세기경 현재의 카메룬과 나이지리아의 경계를 이루고 있는 중부의 산악지역에 반투족이 이주하여 거주하게 되었고, 곧이어 티카르족(Tikar)과 바뭄족(Bamum) 그리고 바밀레케족(Bamiléké)이 카메룬 북부의 고원지대에 자리 잡게 된다.

카메룬의 남쪽 지역은 오랫동안 인간이 거주하지 않았던 것으로 보이는데, 그것은 이 지역이 울창한 산림지대였기 때문에 인간이 정착하기에 적합한 곳이 아니었기 때문이다. 반면에 북쪽 지역은 사바나 기후의 초원 지대였기 때문에 상대적으로 인간이 정착하기에 유리한 조건을 갖추고 있었다. 시간이 지나면서 점차 북쪽 지역의 차드호(湖) 주변으로 여러 민족이 이주하게 되면서 본격적인 국가의 형성이 시작되게 된다.

사오족

카메룬 문명에 처음 등장하게 되는 종족은 사오족(Sao)이다. 사오족은 북방의 차드호 분지에 자리 잡고 왕국을 형성하였지만, 구체적인 역사기록은 남아있는 것이 없고 구전에 의해서만 알려져 있다. 구전에 따르면, 사오족은 8세기에서 9세기경 로곤강(Logone River)[1] 강변에서 살았던 것으로 짐작되고 있다.

차드호 지역의 전설에 따르면 사오족은 엄청난 힘을 가진 거인족이었다. 이 종족은 차드호의 동쪽에서 왔다고 전해진다. 서기 930년에 이븐 하칼(Ibn Hawqal)은 사오족이 차드호 남쪽의 샤리(Chari) 지역과 코마두구 요베(Komadougou Yobé) 사이에 위치한 지역에 거주했다고 기록하고 있다. 그 후 970년경 사오족은 민투루에 정착하였다.

11세기 중엽부터 사오족은 인근 지역에 대한 헤게모니를 장악

---

[1] 카메룬과 차드 지역에서 차드호로 흘러 들어가는 강. 현재 카메룬과 차드의 국경 일부는 로곤강을 기준으로 형성되어 있다.

하기 시작했고, 이웃한 카넴 왕국(Kanem)과는 14세기 이전까지는 큰 갈등 없이 지냈던 것으로 보인다. 그러나 14세기가 되면서 카넴 왕국과의 전쟁으로 4명의 왕이 죽음을 당했고, 15세기에 이르러 카넴 왕국에게 완전히 멸망하게 된다. 전쟁에서 패배한 사오족은 대부분 노예로 끌려가게 되고 그들의 도시는 파괴되었다. 그러나 일부 사오족은 차드호 남쪽으로 피신하였고, 다른 일부는 모라(Mora) 지역의 북동쪽에 둘로국(Doulo), 마루아(Maroua) 지역의 북서쪽에 파다레 국(Fadaré)을 세우게 된다. 또 다른 일부는 베누에강 너머 지금의 나이지리아 지역까지 진출하였다. 그러나 생존자들은 서서히 코토코 왕국에 흡수되었고, 그들과 동화되게 된다. 16세기부터는 종족으로서의 사오족은 완전히 소멸된 것으로 알려져 있다. 그러나 오늘날까지 코토보(Kotobo), 부두마(Boudouma) 그리고 비라라(Bilala)족은 이들과의 혈연관계를 주장하고 있다.

  오늘날 사오족과 관련된 많은 고고학적 유적지들이 발견되고 있는데. 진흙을 구워서 만드는 테라코타 기술이 뛰어났다. 사오족은 죽은 사람을 테라코타로 만든 거대한 옹관묘에 담아서 매장했다. 사오족이 거인족이었다는 전설은 이 거대한 옹관묘와 그곳에서 출토된 음료수 잔의 크기에서 유래한 것으로 보인다. 옹관묘에서는 테라코타로 만든 주화, 파이프, 그물추, 사냥도구 등이 발견되었는데, 사오족의 예술 중에서 가장 뛰어난 것은 사람과 동물을 묘사한 작품들이다. 인물상들은 대부분 머리 부분만 제작되었는데, 흑아프리카 다른 지역에서 찾아볼 수 없는 독특한 스타일을 가지고 있다. 극도로 단순화된 이 도기 제품들은 종교의식에 사용되었으리라 추정되고 있다. 고슴도치, 하마, 도마뱀 조각상들도 유적지에서 다수 발견되었다. 금속 예술도 있었던 것으로 보이지만 이와 관련된 유물은 그리 많지 않다. 청동이나 구리로 만든 장신구가 옹관묘에서 발견되었고, 귀걸이나 팔찌, 발찌, 목걸이, 반지, 실로 꿴 낱알들, 단추 등도 있다. 동물 모양을 한 목걸이 펜던트들은 가장 뛰어난 유물로 평가받고 있다.

[사오족의 테라코타 유물들, 파리, Quai Branly 박물관]

2. 왕국의 형성

시간이 지나면서 여러 민족의 이주가 이루어진 후 차드호를 중심으로 여러 왕국이 형성되는데, 그것은 카넴-보르누 왕국, 만다라 왕국, 코토코 왕국, 바뭄 왕국 등이다. 이 왕국들은 서로 협력과 대립의 시기를 거치며 일부는 카메룬 독립 시기까지 공존했데, 이들 중 가장 강력했던 왕국은 카넴-보르누 왕국이었다.

1) 카넴-보르누 왕국

카넴 왕국

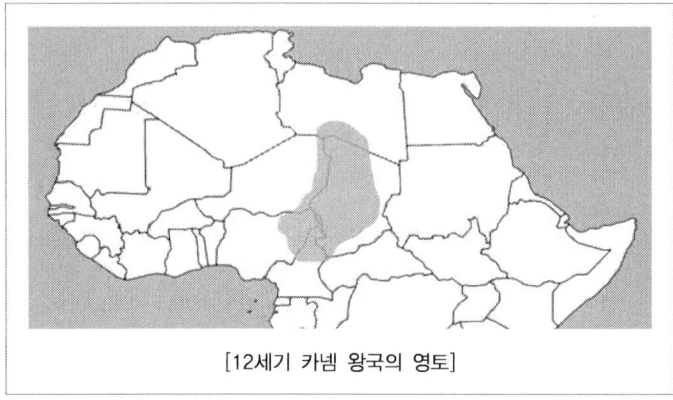

[12세기 카넴 왕국의 영토]

차드호 부근에서 최초로 생긴 국가는 카넴 왕국이었다. 카넴 왕국은 카누리족(Kanouris)이 세운 나라이다. 카누리족은 9세기 말 역사에 처음 등장하는데, 이들은 흑색 인종의 유목민들이었으리라 추정된다. 카넴 왕국은 세이파와 또는 세푸우와(Sayfawa 또는 Sefououwa) 왕조 시기에 빠른 속도로 정착 민족들을 정복했다. 왕국 탄생 후 약 200여 년 후인 11세기에 카넴 왕국은 이슬람 국가가 된다. 이슬람교는 사하라 대상 길을 통해서 북부로부터 전파된 것으로 보인다. 13세기에 두나마 다발레미(Dounama Dabalemi, 1221-1259) 왕의 통치 기간에 카넴 왕국은 강한 군사력을 바탕으로 확장 정책을 폈다.

그러나 14세기에 카넴 왕국은 내부 투쟁과 외부의 침공으로 약화되게 된다. 14세기 말 부라라족(Boulalas)의 공격으로 4명의 왕이 연속으로 사망하는 등 위기에 처하게 된다. 부라라족은 카넴 왕국 영토의 대부분을 점령하였으며, 카넴의 왕 알리 가지(Ali Gaji, 1470-1503)와 그의 군대는 차드호 남서쪽의 보르누 왕국으로 피신하게 된다. 이때부터 카넴 왕국의 후반기 역사는 보르누 왕국과 섞이게 된다.

보르누 왕국은 원래 차드호 남서부 지역에 자생적으로 발생한 나라였다. 이 지역은 일찍부터 차드어군의 언어를 사용하는 원주민들이 거주 한 곳이라 추정되지만 그들의 역사에 대해서는 알려진 바가 없다. 이 지역은 12세기 전반기에 카넴 왕국에 의해 정복되고 이슬람화된 것으로 알려져 있다. 14세기에 카넴 왕국이 부라라족에 의해 외침을 받아 왕이 피신을 오게 되자 보르누 왕국은 카넴 왕국에게 영토를 내어주고 카넴 왕국과 연합하여 카넴-보르누 왕국이 된다.

카넴-보르누 왕국

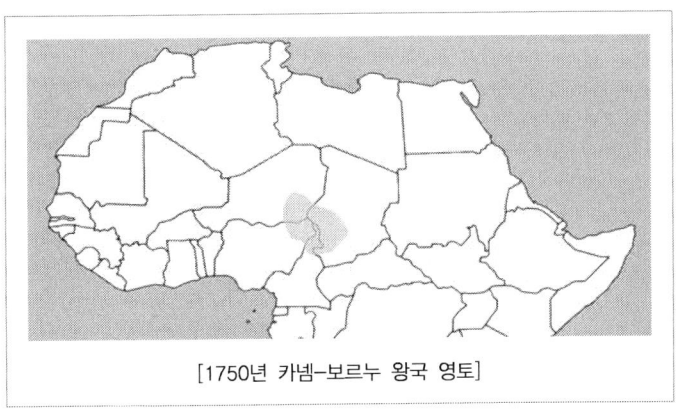

[1750년 카넴-보르누 왕국 영토]

알리 가지 왕은 은가자르가무(N'gazargamou)에 새로운 수도를 정했고, 그곳에서 군사력을 키우며 부라라족에 대한 반격을 준비하게 된다. 알리 가지 왕은 자신의 통치기간 동안에 내치를 튼튼히 했고, 부라라족에 대하여 활발한 저항을 했다. 마침내 그의 아들 이드리스(Idris, 1504-1526)가 부라라족을 물리치고 카넴의 영토를 부분적으로 회복하게 된다. 이후 이드리스 알루마(Idris Alooma 또는 Idris Aloama, 1571-1603) 왕은 메카 성지순례 길에 알게 된 총을 도입하여 총기부대를 조직하게 된다. 그는 수많은 전쟁에서 승리하여 남부지방의 많은 부족들을 정복하였으며 정복한 부족들에게 반자치권을 부여하였다.

카넴-보르누 왕국은 자원이 많지는 않았지만 사하라 사막을 횡단하는 가장 편리한 경로 중 하나에 위치하고 있었기 때문에 정치적 안정을 바탕으로 무역을 통한 경제적 발전을 이루었다. 이후 카넴-보르누 왕국은 16세기 말에서 17세기에 이르는 기간에 전성기를 누리게 되고 인근의 대부분 지역에 영향을 미치게 되었다. 그러나 카넴-보르누 왕국은 끊임없이 주변의 소왕국들과 소수 종족들의 저항을 받았는데, 소왕국들 중에는 코토코(kotoko)와 만다라(mandara)의 저항이 심했다.

17세기에 들어서 주변의 하우사족 국가들[2]과 아이르(Aïr)[3] 지역의 투아레그족(Touareg) 국가들이 성장하게 되자 카넴-보르누 왕국은 점차로 쇠퇴하게 된다. 1805년 보르누 서쪽의 풀라

---
[2] 대표적인 나라들로는 잠파라(Zamfara)와 고베(Gober)가 있다.
[3] 사하라 이남의 산맥 지역, 지금의 니제르 중북부에 위치.

니족이 오스만 단 포디오(Ousmane dan Fodio)[4]의 지하드(성전)에 영향을 받아 반란을 일으켰지만, 1808년 아메드(Ahmed) 왕은 카넴부(Kanembous)의 사령관인 모하메드 알-카네미(Mohammed al-Kanemi) 군대의 도움을 받아 영토의 대부분을 지키는데 성공했다.

[모하메드 알-케네미]

[카넴-보르누 왕국의 전사들]

카넴-보르누 왕국의 세이파와 왕조는 19세기 중반까지 존속했고, 마지막 왕은 1854년 우아다이(Ouaddaï)[5]에서의 전투에서 사망하게 된다. 그의 후손들은 왕국의 쇠락에 대항하여 싸울 역량이 없었고, 1894년 멸망하게 된다. 이후 카넴-보르누 왕국의 대부분은 나이지리아에 복속되고, 일부는 니제르로 편입되게 된다.

---

4) 소코토 왕국의 건국자인 이슬람 현자 (Marata 1754-1817).
5) 사하라 경계에 있는 차드의 지역

2) 코토코 왕국

코토코 왕국은 지금의 카메룬 북부와 나이지리아, 차드의 남서부에 걸쳐있던 왕국이다. 이 왕국의 후손들은 지금도 코토코족(Kotoko)을 구성하고 있다. 코토코 왕국은 흔히 사오 문명의 후예로 간주되는데, 그것은 코토코 왕국의 발흥이 북부 카메룬의 사오 문명의 소멸과

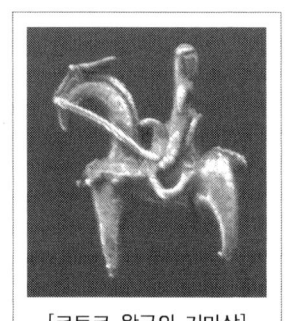

[코토코 왕국의 기마상]

때를 같이 하기 때문이다. 코토코 왕국은 당시의 유사한 문화적 성격을 가지고 있는 발생 초기의 국가들을 병합하면서 15세기에 이르러 지금의 카메룬과 나이지리아 북부, 차드의 남서부에 이르는 거대국가를 완성하였다. 코토코 왕국은 일종의 연합국가 형태를 이루고 있었는데, 그중에서 가장 두드러진 나라는 로곤-비르니 왕국(Logone-Birni)이었다.

코토코 왕국은 초기부터 카넴 왕국의 영향권 아래 있었다. 카넴 왕국의 선교와 정복 활동 등으로 인하여, 19세기에 이르러 북부 코토코의 대부분이 이슬람권이 되었다. 카넴 왕국이 카넴-보르누 왕국으로 계승된 이후에도 코토코는 계속 카넴-보르누의 지배하에 있었으며, 이슬람교의 확산도 계속되었다. 카넴-보르누의 국왕들은 코토코의 영토를 남북으로 반분해서 남쪽은 로곤-바르니에게 어느 정도 자치권을 주면서 통치하게 하였다. 로곤-비르니는 하위의 추장들에 의해 통솔되는 많은 지역으로 나뉘

게 된다. 보르누 지역에 남아있던 코토코의 영토는 유럽에 의한 아프리카 식민통치 시기에 분할되게 된다.

3) 만다라 왕국

[만다라 고원과 디아마레 평원]

15세기에 세워진 만다라 왕국은 카메룬 북쪽의 만다라 산맥 지역의 디아마레 평원지대에 위치하였다. 완달라(Wandala)라고 표기되기도 한다. 현재 카메룬의 만다라와족(Mandarawa)은 이 왕국 주민들의 후손들이다. 구전에 의하면 만다라 왕국은 14세기 말에 수크다(Soukda)라는 여성 지도자와 가야(Gaya)에 의해 세워졌다고 전한다. 만다라 왕국의 이름 처음으로 역사에 언급된 것은 1459년경이지만, 나라 이름의 유래 등은 알려져있지 않다.

왕국이 세워진 후 100여 년 동안 왕국은 꾸준히 주변 부족을 점령하면서 영역을 확장해 나갔고, 둘로(Dulo) 지역에 수도를 정했다. 그러나 만다라 왕국이 위치했던 디아마레 평원지대는 역사

[만다라 산맥]

적으로 오랫동안 침략에 노출되어 있어서 강력한 왕국을 형성하기는 힘든 지역이었다. 만다라 왕국은 16세기에 이르러 인근의 이슬람 국가인 보르누 왕국의 영향을 받게 된다. 1580년 시작된 산크레 왕조의 알다와 난다(Aldawa Nanda) 왕은 왕위 쟁탈전 과정에서 주변의 강대국이었던 보르누 왕국에게 도움을 청하였고, 보르누의 이드리스 알라오마(Idris Alaoma)는 1614년 알다와 난다를 만다라의 왕으로 만들었다. 이때부터 보르누 왕국은 만다라에 대해 지배적인 위치를 가지게 되었다.

1715년 25대 왕인 부카르 아지(Bukar Aji)는 이슬람으로 개종을 하고 이슬람교를 국교로 선포하였다. 이때부터 만다라 왕국은 이슬람 국가가 된다. 왕국은 부카르와 그의 후계자인 부카르 기아나(1773-1828) 시대에 전성기를 맞게 된다. 1781년경에 만다라 왕국은 보르노 왕국과의 주요 전투에서 승리하면서 보르누 왕국의 영향력에서 벗어나 독자적인 왕국으로 존속하게 된다.

만다라 왕국은 19세기 초의 풀라니족의 카메룬 북부 지역 침입에도 오랫동안 저항하였다. 국력이 최고점에 달했던 18세기 말부

터 19세기 초 경에는 만다라 왕국은 주변의 15개 부족을 지배할 정도가 된다. 그러나 1809년 풀라니족의 모비도 아다마(Modibo Adama)가 만다라에 대해 성전을 선포하고 전쟁에 돌입하게 되자 만다라의 위세는 급격히 위축되게 된다. 수도 둘로가 함락되자 만다라는 다시 보르노 왕국과 연합하여 풀라니족을 국경 밖으로 몰아내고, 보르노 왕국과 동맹을 맺어 풀라니족의 재침입에 대항하였다.

19세기 중반 만다라에 복속되어있던 비이슬람 부족들의 반란이 일어나게 되고 풀라니족의 침입이 다시 시작되게 된다. 1850년에 보르노 왕국이 내란과 전쟁으로 약해진 만다라를 침입하게 되자 만다라의 국력은 급격히 쇠약해졌다. 1895년(또는 1896년) 수단의 무하메드 아마드의 침공으로 수도 둘로가 파괴되기도 했다. 그 후로도 계속해서 풀라니족의 침입에 시달리던 만다라 왕국은 1902년 독일에 점령되었고, 1918년 프랑스의 식민지가 되었다. 1960년 카메룬이 독립하면서 카메룬의 일부가 된다.

4) 바뭄 왕국

바뭄(또는 바문 Bamun) 왕국은 카메룬의 왕국들 중 가장 화려한 문화유산을 가진 나라였다. 왕국의 수도였던 품반(Fumban)의 박물관에는 나라를 세운 은차레(Nchare Yen) 왕 이래로 계속된 17명의 왕의 마스크가 간직되어 있다. 바뭄 왕국은 카메룬 북서쪽에 거주하던 티카르족(Tikar)의 후손인 은붐족(Mbum)이 16세기 말에 세운 왕국이다. 티카르족은 반투족의 일원이었다.

그들은 카메룬의 북서쪽 지역에 거주하다가 서쪽 지역인 품반에 수도를 정하고 왕국을 형성했다.

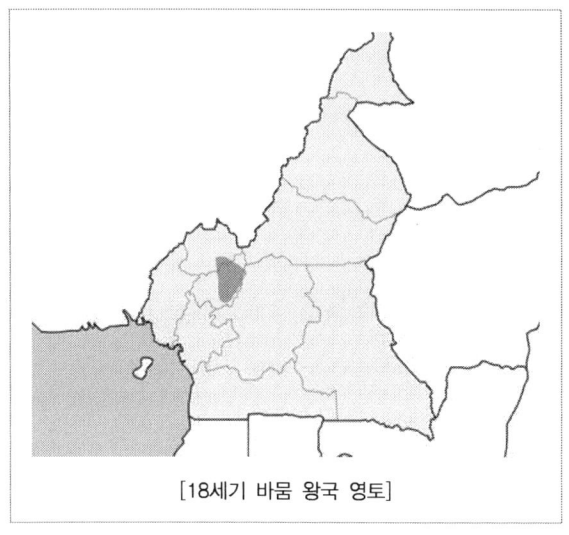

[18세기 바뭄 왕국 영토]

시조인 은차레 왕은 주변의 18개 종족을 점령하고 품반에 수도를 정했고, 후에 음폰벤(Mfomben)이라 불렸다. 정복자였던 티카르족은 점차 그들이 정복한 종족들의 언어와 풍습을 흡수하였고, 그때부터 은붐족으로 불리게 되었다. 시간이 지나면서 그들이 영향력 아래 있는 모든 종족이 은붐족으로 불리게 된다. 바뭄 왕국은 18세기의 음부음부오 만두(Mboumbouo Mandù)의 통치 시절에 전성기를 맞게 된다. 음부음부오 만두는 영토를 확장하고, 왕권을 공고히 했다.

18세기에 이르러 북방의 유목민족인 풀라니족의 침공이 시작되자 바뭄 왕국도 위협을 받게 된다. 풀라니족은 끊임없이 바뭄을 침입하였고, 18세기 말 인구가 1만에서 1만 2천 명으로 감소할 정도로 큰 피해를 입었다. 그러나 19세기 초에 이르러 10대 왕 은부엠부에(Mbuembue)가 풀라니족의 침입을 막아내고 적극적인 영토 확장에 나선다. 그는 수도의 주변에 해자를 파서 경비를 강화해서 최초로 풀라니족의 침공을 막아낸 왕이었고, 최초로 바뭄 왕국의 영토 확장에 나선 왕이었다. 그는 두 개의 머리를 가진 뱀의 모습을 형상화한 바뭄 왕국의 엠블렘을 창안했는

[바뭄 왕국 엠블렘]

데, 그것은 두 지역에 동시에 전쟁을 벌여서 모두 승리한 바뭄 왕국 힘을 상징한다.

1884년 카메룬에 대한 독일의 보호령이 시작되자 바뭄 왕국은 자발적으로 독일의 보호령에 편입되었다. 당시의 왕은 은상구(Nsangou) 왕이었는데, 그의 치세 동안에 바뭄은 은소족(Nso)과 전쟁 중이었다. 이 전쟁의 막바지에 은상구 왕이 사망하자 1894년 은조야 왕이 즉위했다.

성왕 은조야(Njoya the Great)로 불리는 은조야 왕은 독일의 보호령에 자발적으로 협조하면서 은붐 사회의 근대화에 힘썼다. 그는 1897년 공식적으로 이슬람교로 개종했는데, 이것은 그의

사후에도 오랫동안 바뭄 사회의 문화에 영향을 미치게 된다.

[은조야 왕]

은조야 왕은 재위 초기에 511자로 이루어진 문자를 개발하였다가, 7차례의 개편을 통해 10개의 숫자를 포함한 83자의 문자 체계를 완성하였다. 그는 인쇄소를 만들고, 학교를 설립하여, 그곳에서 자신의 글자를 가르치도록 하였다. 그는 직접 옛이야기들을 수집하여 『바뭄 왕국의 법과 풍습들』이라는 책으로 출판하기도 하였다. 그는 민간의 의학 처방들을 집대성해서 편찬했고, 기계식 풍차의 건설을 지시했다. 또한 자신의 동생 은지-마마(Nji-Mama)에게 왕국의 지도를 만들도록 하였다.

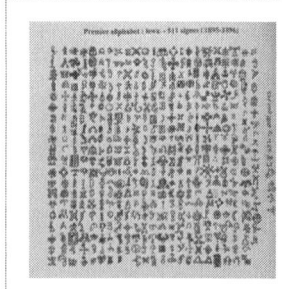

[은조야 문자(1차)]

[귀족들에게 자신의 문자를 가르치는 은조야 왕]

은조야 왕은 종교정책에도 유연한 태도를 보였다. 그는 독일인이 수도인 품반에 바젤 교회를 세우는 것을 허락했고, 선교사들이 운영하는 학교도 세워서 독일어와 토착어를 가르치게 하였다. 그는 독일인들로부터 건축기술을 도입했고, 감자, 마카보 같은 새로운 작물도 도입했다. 독일은 왕국에 대한 그의 지배력을 인정했고, 식민지 운영에 관한 사항에 대해 그에게 자문을 구하기도 하였다. 은조야 왕은 우상숭배, 인신공양, 일부다처제를 금지하는 선교사들로부터 큰 영향을 받았지만 그 자신이 기독교를 믿지는 않았다. 그는 바뭄 왕국에 맞는 기독교, 이슬람교, 전통 종교가 혼합된 새로운 종교를 만들었다.

바뭄의 예술은 뛰어난 품질로 유명한데, 청동 주물 제품과 자수 제품, 구슬로 장식한 장신구 등이 유명하다. 기둥에 여인상을 조각하는 건축기술도 발달하였다.

[바뭄 왕국의 청동 공예품]

[바뭄 술탄 궁정]

[바뭄 건축 기둥 양식]

[제례용 의상]

[바뭄 왕국의 유물들]

    1914년 1차 세계대전이 발발하자 영국과 프랑스 연합군이 카메룬의 독일 식민지역을 침공하였고, 1915년에는 수도 품반이 연합군에게 점령되었다. 1차대전이 끝나고 1918년 독일 식민지역이 프랑스와 영국령으로 분할되게 될 때 바뭄 왕국은 프랑스령에 속하게 된다. 당시에 은조야 왕은 품반에 거주하고 있었으나, 1930년 프랑스는 은조야 왕을 왕위에서 하야시키고 야운데로 이주하게 한다. 1933년 은조야가 죽게 되자 프랑스는 그가 만든 문자 체계를 금지시켰다.

3. 16세기에서 19세기까지의 카메룬의 상황

풀라니족과 팡족의 이주

풀라니족은 사하라 사막의 경계 지역인 사헬 지역에 살고 있던 유목민족이었다. 서아프리카 지역에 거주하던 그들은 16세기 말부터 내륙으로 이동하기 시작했다. 16세기 말에서 17세기 초에 이르는 시기에 그들은 말리의 마시나(Macina)에서 시작해서 차드호 주변까지 이동해 왔다. 그 결과 17세기에 대규모의 풀라니족이 보르누 왕국으로 유입되게 되었고, 그 일부가 카메룬 중부지역인 지금의 아다마우아(Adamaoua) 산악지역에 정착하게 된다.

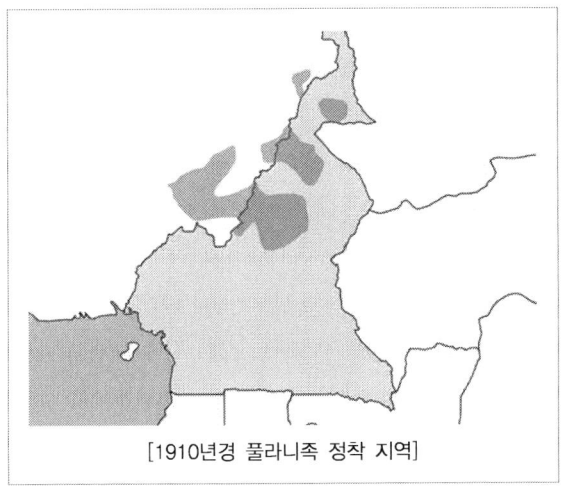

[1910년경 풀라니족 정착 지역]

풀라니족은 큰 뿔을 가진 소 떼를 몰고 다녔고, 호전적이었다. 정착 초기에는 원주민인 농경 민족들과 큰 갈등없이 지냈고, 원주민들은 그들을 이슬람 현자들로 여겼다. 그러나 곧 원주민 민족들 중 그들을 적대시하는 사람들이 많아지게 되었다. 18세기 후반에 지금의 나이지리아 북부지역에서 풀라니족이 이슬람 성전을 벌여 토착민들을 점령하고 소코토(Sotoko) 술탄국을 세웠다. 그러자 카메룬 북부의 풀라니족들도 소코토 술탄국의 지원을 받으며 주변 지역 점령에 나서게 된다.

1809년 풀라니족은 소코토 술탄국의 아다마(le modibo Adama)를 수장으로 하여 북쪽 평원지대에 대한 정벌에 나섰다. 그들은 빠른 속도로 주변의 국가들을 점령해 나갔고, 점령한 지역에 철저한 위계질서를 기반으로 한 봉건제도를 수립했다. 그들은 만다라 왕국을 정복했고 키르디족을 산악지역으로 이주하도록 압박했다. 지금의 아다마두아 지역은 아다마의 이름을 딴 것이다. 그러나 아다마의 정복 전쟁이 순탄하기만 한 것은 아니었다. 1822년에 만다라의 왕을 참수하게 되었지만, 아다마의 군대가 만다라 왕국의 경계에 도달할 때까지 10년이 걸렸고, 만다라와의 전쟁은 키르디 지방의 강력한 저항 때문에 어려움을 겪었다. 그것은 이 지역이 대부분 산악지형이라 기마병 위주의 풀라니족의 군대가 힘을 발휘할 수 없었기 때문이다. 여기에는 서로 대립하는 풀라니족의 전투 지휘관들 간의 갈등도 한몫했다. 1847년 아마다가 죽자 수도인 욜라는 소코토 왕국으로부터 독립을 선언했다. 결국 아다마의 업적은 당대를 넘기지 못했고, 그가 죽고 나자 소코토 술탄국은 다시 작은 나라들로 나뉘게 된다.

한편 17세기 말부터 또 다른 민족인 팡족(Fang)이 지금의 중앙아프리카공화국 지역으로부터 대규모로 카메룬 남쪽으로 이주해 와서 그곳에 정착하게 된다. 카메룬의 남서 지역과 남쪽 지역은 울창한 산림으로 인해서 오랫동안 국가의 형성이 이루어지지 못하던 곳이었다. 17세기까지 원주민인 바밀레케족(Bamiléké)이 거주하던 곳이었는데, 팡족의 일부가 이곳에 정착하게 된다. 그들 중 일부는 19세기에 가봉의 오구우에(Ogooué) 강 연안까지 진출하게 된다.

카메룬의 민족 구성

카메룬의 민족 구성은 매우 복잡하다. 세부적인 하위 부족까지 분류하면 수백 개의 민족과 인종이 존재한다. 그중 주요한 부족은 다음과 같다.

베티-파휜 Beti-Pahuin

베티-파휜족은 카메룬, 콩고, 적도기니, 가봉 등지의 열대 우림지대에 거주하는 반투족이다. 20개 이상의 개별 가문으로 구성되어 있지만 동일한 역사와 문화를 공유한다. 21세기 초 약 300만 명 이상으로 추정되는 이 부족은 중앙 카메룬과 수도 야운데, 그리고 가봉과 적도기니에 거주하는 최대 부족이다. 그들의 언어는 니제르-콩고어족의 분파인 반투어로부터 유래되었다. 베티족의 일족인 에윈도족, 또는 야운데족은 카메룬의 수도인 야운데에 주로 모여 살고 있다. 베티-파휜족이 사용하는 베티어 중 에윈도어는 카메룬에서 가장 많이 사용되는 언어이다.

에윈도어는 야운데에서 상용어로 사용되며, 카메룬 중남부에서도 많이 사용된다.

베티-파휜족은 부계 친족을 바탕으로 구성되어 있으나 과거에는 일부 하위그룹이 모계제를 실행했다. 이 모계제를 바탕으로 한 전통으로 인하여 오늘날에도 외삼촌과 조카들 사이에 강한 연대감이 있다. 베티-파휜족은 같은 계보의 몇 가족이 마을에 함께 살고 이러한 마을이 몇 개 연결되어 한 가문을 형성한다. 이 가문들은 족장의 지배 아래 모이고, 전통적으로 족장은 종교적 권위를 지닌다.

많은 베티-파휜족이 1930년대 후반 기독교로 개종하였고, 그 결과 오늘날 대다수의 베티-파휜족이 기독교인이다. 기독교가 도입되면서 토속신앙의 많은 부분이 소실되었다. 그러나 카메룬 독립 후 토속신앙이 부활했고, 많은 베티-파휜족이 일요일에는 교회에 가지만, 주중에는 다양한 토속신앙의 집회에 참석하거나 전통적인 치료사를 방문하기도 한다.

팡 Fang

카메룬 남부(2005년 인구의 20%, 300만 명), 적도기니(인구의 80%), 가봉의 북부 및 서부(2005년 약 45만 명)에 거주한다. 베티족의 하위 부족으로 분류되기도 한다. 반투어족인 파후인어(Pahouin)를 주로 사용한다.

팡족은 18세기 이전에는 이집트 내륙부에 거주했던 것으로 추정된다. 18세기 말에 풀라니족의 압력을 받아 사나가(Sanaga)

강 우안 사바나 지역에서부터 현재의 거주지인 카메룬 남서쪽으로 이주한 것으로 추정된다. 이들의 이주 내용은 팡족의 신화에 많이 남아있다.

팡족은 그들보다 먼저 지역을 점유하고 있던 반투족들을 제압하고 정착하였다. 팡족의 집단은 강렬한 경쟁 관계가 특징이다. 한 마을에서 가장 강력한 가족의 가장이 실제 권력을 행사하는데, 최고 연장자가 아니라 최고 능력자가 가장이 된다. 가장이 나이가 들어 능력이 감소하게 되면 권위를 잃는다. 부계사회로 운영되며 공동의 조상에 대한 연대감이 강하기 때문에, 서로 멀리 떨어져 있고 격리된 지역에 거주하더라도 족외혼 파벌을 만든다. 각 가족은 조상의 유골을 원통형 유물함에 담아 보존한다.

바밀레케 Bamiléké

바밀레케족은 카메룬 서부지역의 지배적인 토착 종족이다. 서부 고원지대에 주로 거주하고 있으며, 현재 약 200만~250만 명으로 추정되고 있다. 500여 명부터 5만여 명에 이르는 여러 독립적인 부족으로 구성되어 있다. 역사적으로 카메룬 지역 왕국들의 주요 종족이었지만, 유럽인들의 카메룬 점령 이후 남부 민족들이 번성하면서 상대적으로 많은 불이익을 받았기 때문에 야운데 정권에 반대하는 반대파가 많다.

바밀레케족의 역사는 잘 알려져 있지 않은데, 일반적으로 바뭄족에게 밀려 17세기에 북쪽에서 왔다고 여겨진다. 바밀레케족은 통일된 언어가 없고, 언어들 사이에도 유사성을 찾기 힘들다. 그러나 이러한 정치적, 언어적 차이에도 불구하고 바밀레케족은 자신들이 동일한 문화를 공유하고 있다고 의식한다. 각각의 자치 구역이 동일한 방식으로 형성되었기 때문이다. 이 자치 구역들의 구성은 매우 복잡하지만, 효율적이고 역동적인 지배체계를 가지고 있으며, 자치 구역들의 상당수는 오랫동안 전통적인 동맹 관계를 유지하고 있다.

바밀레케족의 친족 관계는 소수의 인원으로 이루어지는데, 이는 가족의 가장이 죽게 되면 가족이 분할되기 때문이다. 고인은 그를 대체하는 한 명의 상속자를 지명하고, 이는 맏아들이 아닌 경우도 많다. 맏아들은 다른 아들이 상속자로 지정되면 더이상 권리를 주장하지 못한다. 고인의 부인들은 일정 부분의 토지를 상속받아 그곳에서 계속해서 농사를 지으며 살아가지만, 상속자로 지목받지 못한 형제들은 다른 곳으로 떠나 다른 가계를 꾸려야 한다. 이러한 상속제도로 인해 같은 수장에게 복종할 뿐 서로 수평적인 이웃 자치 구역의 관계가 만들어진다.

자치 구역 수장의 권력은 절대적이지만, 그의 권력은 종교, 행사, 상호부조 등의 모임에 의해 견제된다. 이 모임은 회의 장소로 지어진 전통가옥에서 정기적으로 열리는데, 수장은 이 모임에 참가하여 자신의 백성들과 정기적으로 접촉한다. 이 복합적이고 상호적인 시스템 덕분에 자치 구역의 어느 구성원도 격리되거나 배척되지 않는다.

바싸 Bassa

바싸족은 카메룬에 있는 반투족의 분파로 약 80만 명에 달한다. 주로 사용하는 언어는 바싸어인데, 니제르-콩고 어족의 반투어에 속한다.

구전에 따르면 바싸족의 기원은 고대 이집트 시대의 이집트와 수단의 경계인 나일강 근처에서 유래한다. 최초에 9명의 공통의 조상이 있었으며 이 조상들로부터 오늘날의 수많은 바싸족이 만들어졌다고 전해진다. 그후 바싸족은 오랜 이주 생활을 통하여 중앙아프리카와 서아프리카 등에 정착했다. 카메룬의 바싸족은 여러 세기에 걸쳐 해안지방에 거주해 왔으며, 주로 농사와 어업에 종사했다. 그러나 19세기 유럽인들이 카메룬에 진출하면서 바싸족은 인근 두알라족에 의해 다른 지방으로 쫓겨났으며, 오늘날 바싸족은 대부분 카메룬 서부의 중앙 고원지대에 거주하고 있다.

식민화 이전의 바싸족은 강력한 위계적 가부장적 구조를 가지고 있었다. 사회의 구성원들은 뚜렷한 위계에 의해 구분되었으며, 이는 가족 관계에 있어서도 마찬가지였다. 마을의 수장은 대개 마을에서 가장 오래되고 중요한 가문 출신이었다. 수장은 마을 구성원들에 대해 무한한 권한을 가지고 있었으며 관습과 전통의 유지, 정의의 구현, 전쟁의 주재 등 거의 모든 분야에 대해 책임을 진다.

바싸족은 독일의 보호령 기간에 많은 차별과 착취를 당했다. 많은 바싸족들이 독일의 탄압으로 두알라-야운데를 연결하는 철도 공사에 강제 동원되기도 하였다. 독일 보호령 시대에 대부분의 바싸족은 독일에 맞서 싸우는 반식민주의자였다. 프랑스 식민지 시절에도 바싸족은 탈식민화 과정에서 주도적인 역할을 했으며 그들의 거주지였던 바싸-바콩고(Bassa-Bakongo) 지역은 급진적인 반식민 민족주의, 특히 UPC(Union des Populations du Cameroun)의 근거지였다. 가장 잘 알려진 바싸의 분리주의자는 UPC의 창시자인 루벤 움 은요베(Ruben Um Nyobe)이다. 식민지 기간 내내 그들은 반식민지 운동에 적극적으로 가담하였지만, 독립 후 지금의 카메룬 공화국이 세워지자 다시 소외되었다.

바뭄 Bamoum

바뭄족은 서부 카메룬의 화산 고원지대인 그라스랜드(Grassland) 지역을 중심으로 거주해온 토착 민족이다. 그라스랜드 지역은 해발 1,000미터 이상의 고원지대이면서 사바나 기후이기 때문에 신석기 시대부터 인간이 거주해온 지역이었으며 오늘날에도 카메룬에서 가장 인구밀도가 높은 지역이다. 카메룬 인구의 1/3이 이곳에 거주하고 있다. 바뭄족은 서부 고원지대에서 바밀레케족, 티카르족과 같이 거주해 왔다. 두 민족과는 공통의 조상을 가지고 있으며, 사회구조 및 언어적 측면에서 매우 가깝다. 주로 농업과 공예, 무역에 종사한다. 바뭄족은 티카르(Tikar) 지방으로부터 이주해 와서 나라를 세운 나샤레(Nacharé)의 후계자들로 알려져 있고, 14세기에 카메룬의 마지막 왕국인 바뭄 왕국을 세웠다. 바뭄 왕국은 중앙집권적 정치 조직을 가진 국가였고, 산악 지역에 위치하고 있다는 이점을 살려 18세기 내내 팽창하는 풀라니족의 압박을 이겨냈다. 그러나 유럽이 카메룬을 점령한 19세기 초부터 존립이 불안정해졌고, 프랑스의 식민지 기간에는 존재가 유명무실해졌다. 다만 바뭄 왕국은 공식적으로 완전히 없어지진 않고 오늘날까지 카메룬의 한 주인 눈(Noun)주에서 명목상으로 유지되고 있다. 1894년부터 1932년까지 권좌에 있었던 은조야(Njoya)가 발명한 문자로 유명하다. 바뭄족의 예술은 주조, 자수 및 진주 장식용품 등에 있어서 상당한 수준을 인정받고 있다. 은조야 통치 시절, 목탄 데생 기술은 왕조의 이야기를 재출판하고 자신이 쓴 작품들을 장식하는 데 사용되었다.

풀라니 Fulani, Peuls

풀라니족은 사하라 사막의 남쪽 가장자리를 따라 세네갈의 대서양 연안부터 말리, 기니, 니제르, 나이지리아, 카메룬, 차드와 동부의 수단에 이르기까지 사헬 지역을 따라 널리 퍼져 거주하는 유목민족이다. 넓은 지역을 이동하면서 정착하는 과정에서 풀라니, 풀베, 풀라, 펠(Fulani, Fulbe, Fula, Peuls) 등 다양한 명칭을 갖게 되었다. 프랑스어권 지역에서는 펠족이라 부른다. 이들의 총인구는 대략 6백만 명으로 추산된다.

풀라니족의 기원은 분명치 않으나 14세기경 서부 아프리카의 세네갈 남부에서 시작하여 동쪽으로 영역을 확장해갔다. 16세기에는 니제르강 상류에 자리 잡고 동쪽의 하우사족 거주 지역까지 진출했으며, 19세기에는 카메룬 중북부에도 자리 잡았다. 이 과정에서 풀라니족은 여러 지역에 소왕국을 세워 다스렸으며, 19

세기에는 수단지역 서부에 위치한 이슬람 신정국가(술탄국)를 건설하는 등 크게 번성해 나갔다.

유목민족인 풀라니족은 아프리카의 서쪽에서 동쪽으로 이동하면서 다른 부족과 오랫동안 많은 교류를 가졌다. 지역에 따라서는 새로운 문화를 받아들이기도 하고 유목 생활에서 농경 생활로 정착하기도 했다. 풀라니 사회에서는 지위나 계급이 거의 없고 모든 구성원이 비교적 평등한 편이다. 남녀가 다 같이 얼굴에 짙은 화장을 하며 정교하게 만들어진 장신구와 화려한 옷가지로 곱게 단장한다. 아프리카 민족 중 가장 먼저 이슬람으로 개종하여 90% 이상이 이슬람 신도이다. 대서양 연안에서부터 동부 아프리카까지 7개국에 걸쳐 살고 있는 풀라니족은 지역에 따라 생활방식이 서로 다른 점이 많다.

반다 Banda

반다족은 카메룬, 중앙아프리카공화국, 콩고민주공화국, 남수단 등에 거주하고 있다. 21세기 초 반다족의 인구는 약 130만 명 정도이다. 이들은 중앙아프리카공화국에서 가장 많은 인구를 차지하는 부족 중의 하나이며 전통적으로 이 나라의 북서부 지방에 자리 잡고 있다. 반다족은 니제르-콩고어족에 속하는 반다어(Banda), 혹은 우반기안어(Ubangian)를 사용한다. 19세기에 그들은 노예사냥으로 인해 끌려가기도 하고, 아프리카 밖으로 노예가 되어 팔려가기도 했다.

현재 반다족은 대부분 사바나 지대에서 농부로 정착해 살고 있다. 프랑스 식민지 시절 식민정부는 반다족에게 면과 카사바 재배를 장려하기도 하였다. 프랑스 식민지 시대 기독교 선교사들이 반다족의 많은 인구를 기독교로 개종시켰다. 그 결과 반다족은 개신교(52%)와 가톨릭교(38%)을 주로 믿는다. 그러나 이들 종교와는 별개로 자신들의 토속종교 시스템과 가치는 유지해 왔고, 오늘날에도 반다족의 생활에는 일부 토속신앙의 습속이 남아있다.

그바야 Gbaya

그바야족은 원래 나이지리아 북부에서 살던 민족이다. 1800년대 후반 약 100만 명 정도로 추산되는 그바야족이 연재의 중앙아프리카공화국 서부, 콩고공화국 북부, 콩고민주공화국 북서부 지방 등으로 이주하게 되었고, 그중 일부가 카메룬의 동부 중앙 지역에 거주하고 있다. 20세기 초반 자신들의 거주지가 프랑스 식민지령이 되자 그바야족은 프랑스 식민정부에 저항했으며, 1920년대에는 대개 짐꾼이나 노동자로 노예화되었다.

그바야족은 주로 농업에 종사하며, 옥수수, 카사바, 참마, 땅콩, 담배, 커피, 쌀을 재배한다. 커피와 쌀은 프랑스 식민지 시절에 도입된 것이다. 1930년대 후반부터 이들의 거주 지역을 중심으로 다이아몬드 산업이 번성했고 현재까지 중요한 위치를 차지하고 있다. 오늘날 많은 그바야족은 기독교인(개신교 50%, 가톨릭 33%)이며, 약 12%가 토속신앙을 따르고, 3% 정도의 소수가 이슬람 신자이다.

참바 Chamba

참바족은 나이지리아 동부 중앙의 곤골라 주와 카메룬 북부에 인접해있는 부족이다. 그들은 먼 친척뻘인 두 개의 언어를 사용한다. 레코 님바리어에 속하는 참바 레코어(Chamba Leko)와 다코이드어에 속하는 참바 다카어(Chamba Daka)로 두 언어 모두 니제르-콩고어족이다.

참바족이 거주하는 지역은 현재 나이지리아와 카메룬으로 나누어져 있는데, 이는 1차 세계대전에서 독일이 패망하자 아프리카의 독일 식민지를 영국과 프랑스가 나눠 갖는 과정에서 영국령과 프랑스령으로 나뉘게 되었기 때문이다.

18~19세기에 참바족은 풀라니족의 지하드의 표적이 된 부족들 중 하나였고 일부는 노예가 되었다. 그러자 많은 참바족이 산맥의 남쪽으로 이주하였고 노예상과 무역상을 습격하는 무리가 되어 보복하였다. 참바족의 15% 정도의 인구가 이슬람으로 개종하였다.

코토코 Kotoko

코토코족은 카메룬, 차드, 나이지리아 등 3개국에 걸쳐 거주하고 있다. 이들 국가에서 코토코족은 소수민족이다. 많은 외부 민족들이 코토코족의 영토를 경유해서 카메룬 지역에 들어와 정착했다.

15세기에 지금의 카메룬과 나이지리아 북부, 차드의 남서부에 이르는 왕국을 형성하기도 하였으나 왕국 형성 초기부터 카넴 왕국의 지배를 받았다. 원래 코토코 왕국이 연합 왕국의 형태였기 때문에 강력한 단일 왕국으로 성장하기 어려웠다. 유럽에 의한 아프리카 식민통치 시기에 코토코의 영토가 분할된 이후로는 소수민족으로 전락하였다. 코토코족은 자신들이 사오족의 자손이라 믿는다.

마사 Massa

마사족의 인구는 약 50만 명에 이른다고 알려져 있으며, 대다수가 카메룬에 살고 있다. 대부분의 마사족이 마사나어를 사용하며 차드족의 분파이다. 종교는 이슬람(45%)과 기독교(45%)가 우세한데, 기독교 중에서 개신교와 가톨릭이 각각 40% 이상을 차지한다. 때때로 종교 간의 충돌이 발생하기도 한다.

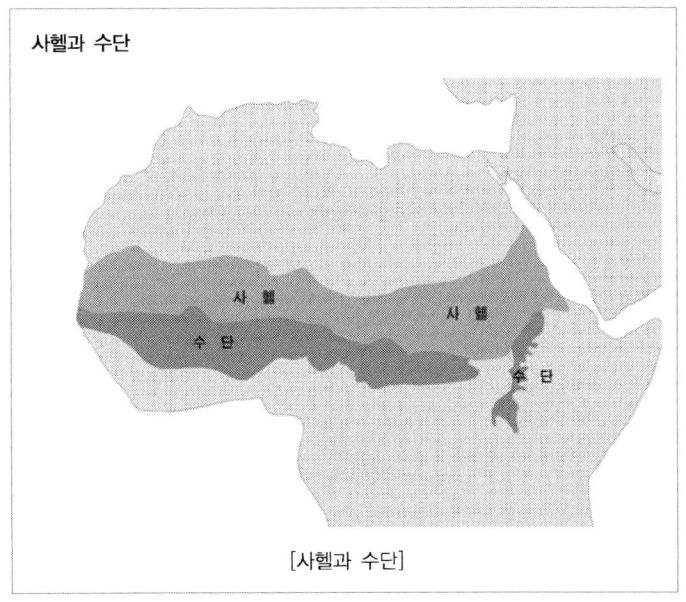

[사헬과 수단]

사헬과 수단은 아프리카 북부의 사하라 사막과 적도 지역의 열대우림 사이에 위치한 벨트 형태의 전이 지대이다. 사헬(Sahel)과 수단(Sudan)이라는 명칭은 각각 '해안'과 '흑인의 나라'를 의미하는 아랍어 'Sāhil'과 'Sūdān'에서 왔다. 사헬은 북쪽의 사하라 사막과 남쪽의 수단 사바나 사이에 있는 반건조 초원과 사바나, 가시덤불로 이루어진 과도기적 생태 지역이다. 대서양에서 동쪽의 홍해까지 약 6,000km에 걸쳐있으며, 폭이 수백에서 수천 킬로미터에 달한다. 대부분의 지역이 해발 200~400m 사이에 있는 평탄한 지역이며 대부분 초원과 사바나로 이루어져 있다. 몇 개의 고립된 고원과 산맥이 사헬에 위치하고 있지만, 동식물 군이 주변 저지대와 구별되기 때문에 별도의 생태 지역으로 취급된다. 서기 750년 이후에 대규모 국가들이 등장했으며 팀북투, 가오, 젠네 등 대규모 무역 도시들이 생겼다.

수단지역은 사헬 남부에서 열대우림에 이르는 폭 수백 킬로미터의 열대 사바나 지역이다. 남쪽으로는 카메룬 초원이 이어진다. 주로 탁 트인 들판으로 되어 있으며, 드문드문 빽빽한 숲들로 (니제르, 차드 분지 등)으로 구성되어 있다. 사람이 살기에 적합한 기후와 비옥한 토지로 인해 차드호와 그 주변의 비옥한 지역을 중심으로 일찍부터 문명이 발생했고, 다양한 형태의 왕국과 국가들이 존재했다. 서쪽으로 가나 제국, 말리 제국, 송가이 제국이 있었고, 중앙에는 카넴-보르누(Kanem-Bornou) 왕국과 하우사(Hausa) 왕국, 동부 지역에 다르푸르(Darfur), 바구이르미(Baguirmi), 세나(Sennar), 우아다이(Ouaddaï) 같은 술탄국들이 세워졌다. 식민지 시대에는 프랑스 수단과 앵글로-이집트 수단이 있었다.

팡족의 이주
··· 가봉/팡족 신화

아주 오래전 옛날에, 신은 모든 피부색의 인간들, 모든 부족들과 같이 살았다. 신은 인간들에게 필요한 조언을 하면서 도와주었고, 그들이 필요로 하는 모든 것들을 제공해 주었다. 모든 것은 잘 되어갔었다. 어떠한 불평등도 없었고, 증

오도 없었다. 어디에나 평화와 기쁨, 그리고 즐거움만이 가득했다.
어느 날 신은 지상에서 사는 것에 싫증이 나서, 하늘로 올라가기로 했다. 신은 사람들을 불러 모을 때 사용하는 북을 쳤다. 사람들이 모두 모이자 신이 말했다.
"인간들이여, 나는 오랫동안 너희들 곁에서 살아왔다. 나는 너희들을 위하여 많은 것을 해주었고, 너희들에게 많은 것을 가져다주었다. 이제 너희들이 혼자 살아야 할 때가 되었다. 나는 오늘 천국으로 돌아가겠다. 그렇지만 나는 너희들 중에서 가장 먼저 진심을 담은 선물을 가져오는 자들에게 나의 축복을 내리겠다."
즉시 모든 부족이 신에게 바칠 선물을 결정하기 위해서 모였다. 잠시 후, 빠르게 선물을 결정한 백인 부족이 신에게 갔고, 신은 그들에게 축복을 내렸다. 그러는 동안에도 흑인 부족은 여전히 논쟁을 하고 있었다. 마침내 모든 구성원이 동의했을 때는 이미 때가 늦었다. 신은 천국으로 떠난 뒤였다. 부족원들 모두가 서둘러서 신을 따라가 옷자락을 붙잡고 선물을 바칠 수 있게 해달라고 애원했다. 그러나 신은 다른 부족이 먼저 와서 이미 선물을 바쳤고, 천국의 축복은 한 번밖에 내릴 수 없노라고 설명했다. 그리고 신은 사라졌다. 뒤에 남게 된 흑인 부족은 당황하고 불만에 차게 되었다. 부족원들은 서로 이 상황에 대해서 책임이 있다고 비난했고, 불만은 점점 커졌다. 결국, 부족원들 모두가 이 상황에 대해서 어떻게 하는 것이 좋은가를 논의하게 되었다. 그러나 뚜렷한 방안이 나오지 않았다.
결국, 추장들 중 한 명이 일어나서 외쳤다.
"그만하시오! 모두 내 말을 들으시오. 당신들의 끝없는 논쟁 때문에 우리는 이미 신의 축복을 잃게 되었소. 우리가 울며 한탄해보았자 소용없소. 이제 우리는 이 고장에서는 신성한 신의 축복을 받은 자들을 주인으로 모시며 살아갈 수밖에 없소. 우리는 떠나야 합니다. 우리는 태양의 궤적을 따라 멀리 가서, 우리의 안식처가 될 곳을 찾아야 합니다."
그의 말에 부족 전체가 동의했고, 그들은 해가 지는 방향을 향해서 떠났다. 그들은 끝없이 걸어갔다. 평원을 지나고, 숲을 지나고, 강을 건너갔다. 그들은 산맥도 넘어갔다. 어느 날, 그들은 자신들이 가는 길에 큰 나무가 쓰러져 있는 것을 발견했다. 엄청나게 큰 나무가 그들의 길을 가로막고 있었다. 실망감이 피곤함에 지친 사람들 사이에서 퍼져나갔고, 또다시 논란이 시작되었다. 부족원들 중 한 사람이 말했다.
"나는 이제 지긋지긋해! 나는 더 이상 가고 싶지 않아. 나는 피곤해."
그 보다 용감한 다른 사람이 그에게 말했다.
"너는 여자만큼의 용기도 없구나!"
두 사람은 말싸움하기 시작했다.
"용기가 없다니! 나는 적어도 너만큼의 용기는 있어! 물론 추장님은 우리보다 강하시지. 그러나 내가 하는 말은 이 나무가, 우리가 한 번도 본 적 없는 이 거대한 나무가 우리 길을 막았다는 것은, 우리 보고 이제 여기서 멈추라는 신의 뜻이라는 거야."
"신의 뜻이라니! 네가 그것을 어떻게 안단 말이냐? 우리가 더 노력해 볼 수는 없는 것이냐? 계속 가야 해. 그렇지 않다면 너는 더 이상 팡족이 아니야."
결국, 말싸움은 끝나지 않았다. 부족 전체가 둘로 갈라졌고, 좀처럼 일치를 볼 수 없었다. 이러한 상황을 맞아서, 추장은 사람들을 모두 모이게 했다.
"너희들은 구제 불능이다. 너희들은 끝없이 말싸움만 하고 있다. 내가 결정한 것을 듣도록 하라. 용기 있는 자들, 진정한 팡족은 나를 따르라. 우리는 길을 계속 갈 것이다. 우리는 끝까지 갈 것이다. 나머지 자들은 너희들이 원하는 곳으로 가라. 이제부터 너희들을 '불루'족이라 부를 것이다."
이렇게 해서 처음으로 부족이 둘로 나누어졌다. 팡족은 그들이 가던 길을 계속해서 갔다. 반면에 '되돌아선 자들'이라는 뜻의 불루족은 그 지역에 정착했는데, 그 지역은 나중에 '카메룬'이라 불리게 되었다.
팡족은 몇 주에 걸쳐서 그들의 이동을 계속했다. 그들은 끝없는 숲을 가로질러 갔고, 마침내 어느 날 '은튬'이라 부르는 강에 도착했다. 은튬은 거센 물결이 흐르는 큰 강이었다. 그들은 무척이나 피곤하였지만, 용기를 내서 카누를 만들었고, 배를 타고 강을 건너기 시작했다. 그러나 불행하게도 강을 건너던 도중 많은 남자와 여자들, 그리고 아이들이 물에 빠져 죽고 말았다. 슬픔에 빠진 부족원들이 강가에 모였고, 추장이 말했다.
"너희들의 용기 덕분에 우리는 강물을 이겨낼 수 있었다. 그러나 죽음이 우리를 혹독한 시험에 들게 했다. 죽음은 우리를 무차별적으로 공격해서, 우리 중 가장 소중하고, 가장 용기 있는 자들을 앗아갔다. 아내들과 형제들, 아이들을 잃은 자들은 이곳에 머물러서 죽은 자들을 묻어주도록 하여라. 너희들은 죽은 자들의 무덤 곁에 마을을 세우도록 해라. 그리고 이제부터 그들을 '은트무(슬픔에 빠진 자들)'이라 부르도록 해라. 죽음에서 무사히 살아남은 자들은 계속해서 길을 가도록 하겠다. 우리의 계획은 끝까지 가는 것이기 때문이다."
그래서 팡족은 다시 길을 떠났다. 그러나 얼마 가지 않아, 그들은 자신들의 동료들인 '은트무'족을 남겨놓고 온 것에 대해서 애석해했다. '슬픔에 빠진 자들'을 은틈 강가에 남겨놓고 모두 차마 발걸음이 떨어지지 않았다. 그래서 추장은 그들과 모든 관계가 완전히 끊어지지 않도록, 그곳에서 이동을 멈추기로 결정했다. 이렇게 해서 팡족은 '은틈'강과 '오구우에' 지역 사이에 자리 잡게 된 것이다.

─『아프리카의 신화와 전설─중부아프리카편』

2장 유럽의 진출

1. 독일 보호령 이전

포르투갈의 진출

기록에 따르면 카메룬이 유럽 역사에 처음으로 등장한 것은 기원전 5세기 경이다. 당시 그리스와 라틴계 역사가들이 남긴 일부 텍스트에 따르면 카르타고의 하논(Hannon)이 '헤라클레스의 기둥을 넘어선 리비카의 땅'을 따라 항해했다. 하논은 그가 '신들의 전차'라고 부른 커다란 화산을 보았고, 최근의 연구자들은 그것을 오늘날의 카메룬산으로 짐작하고 있다. 그러나 당시의 하논의 방문을 입증할 수 있는 더 이상의 자료는 없다.

실제 역사상 카메룬의 존재가 유럽에 본격적으로 알려진 것은 15세기 말 포르투갈인들에 의해서였다. 포르투갈의 알폰스 5세(Alphonse V, 1438-1481) 통치 시기인 1472년 리스본의 부유한 상인인 페르낭 고메즈(Fernan Gomez)가 인도로 가는 항로를 개척하기 위해 아프리카 해안을 따라 항해하던 중 지금의 비아프라 만에 도착해서 페르난도 포(Fernando Po) 섬[6]에 상륙했다. 내륙에 상륙하기 위해 바다로 이어지는 강어귀에 들어서던 선원들은 강 하구의 엄청난 양의 새우에 깊은 인상을 받아서 '새우의 강(Rio dos Camarões)'이라고 이름을 붙였다. 카메룬이라

---

6) 지금의 비오코(Bioko) 섬

는 명칭은 여기에서 유래된 것이다. 포르투갈인들은 이 지역의 지도를 작성하면서 '새우의 강'이라는 명칭을 붙였고, 이 지역 최초 거주자의 이름을 따서 근처의 산(지금의 카메룬산)을 암브로즈(Ambozes) 산이라 불렀다.

[새우의 강과 페르난도 포 섬]

당시에 카메룬 해안지역에는 카보족(Caabo)과 보타족(Bota)이 거주했다. 프랑스인 장 퐁토(Jean Fontenau)는 후에 이 지역 해안을 방문하여 이들을 아마부(Ambou)라고 불렀고, 그들이 심성이 착한 부족이라고 묘사했다.

카메룬 진출 초기에 포르투갈인은 카메룬 해안에 직접 상륙 거점을 확보하지는 않았다. 그들은 해안가 근처의 상 토메(São Tomé)[7] 섬에 기지를 건설하고, 그곳에서부터 배를 타고 근처의 해안가를 방문했다. 포르투갈인들이 카메룬 내륙으로 직접 진출하지 않았던 이유는 그들이 이미 골드 코스트(Gold Coast) 지역에서 상아와 금 거래로 충분한 이익을 얻고 있었고, 서쪽으로 몇 백 킬로미터 떨어져 있는 베냉이 노예무역에 있어서 훨씬 유리한 조건을 제시하고 있었기 때문이다. 또한 수백 킬로미터에 달하는 울창한 해안의 맹그로브 숲, 높은 습도, 곤충에 의한 전염병, 해안 부족들의 적대감 등도 포르투갈인들이 내륙진출을 꺼린 이유 중 하나였다.

1493년부터 포르투갈은 상 토메 섬과 페르난도 포 섬을 식민지화하기 시작했고, 1520년까지 노예들의 작업을 통해 해안을 따라 최고급 설탕 농장 조성을 완료했다.

흑인 노예무역과 카메룬 해안의 상황

1492년 콜럼버스의 서인도 제도 발견과 대규모 농장의 개발은 서아프리카 해안에서의 유럽 무역에 중요한 변화를 가져왔다. 1530년 이후 이 지역의 가장 중요한 수출품은 노예들이었다. 16세기가 끝날 때까지 포르투갈은 급성장하고 있는 신세계의 농장들을 위한 노예들의 최대 공급자였고, 상 토메 섬과 페르난도 포 섬은 내륙에서 해안으로 이송된 노예들의 집결 장소로 바뀌었다. 1532년부터 포르투갈인들은 해안가 부족인 두알라족(Doualas)과 흑인 노예매매를 했다. 이후로 포르투갈인들은 이 지역에 거

---

7) 지금의 상투메 프렌시페

래소를 설립했고, 이 거래소는 1596년까지 존속했다. 포르투갈이 서아프리카 지역 원주민들을 노예로 데려오면서 유럽에서는 포르투갈, 스페인, 영국, 프랑스, 네덜란드가 노예무역에 본격적으로 뛰어들게 된다. 16세기부터 18세기에 이르기까지 이 국가들은 노예무역을 통하여 막대한 부를 축적하게 된다.

16세기 말 카메룬 지역에 네덜란드가 진출하면서 이 지역 노예무역 시장에서 포르투갈의 독점이 깨지게 된다. 1642년경 네덜란드인들은 상 토메 섬을 차지하고 '새우의 강' 하구에 무역거래소를 설치함으로써 페르난도 포 섬을 거점으로 삼고 있던 포르투갈을 위협했다. 네덜란드인들은 일년에 400~500명의 노예를 거래했고, 주로 애그리스(Aigris)라 불리는 푸른 구슬을 구입했다. 17세기 동안 카메룬 지역은 유럽과의 교역이 활발해졌고, 두알라족 등 해안가의 일부 부족들은 상아와 노예교역을 통하여 이익을 취했다.

18세기에 이르러 흑인 노예무역이 활발해지자, 프랑스, 영국, 스웨덴, 덴마크, 브란덴부르크 등 유럽 대부분의 나라들이 해안 지역에 거주하던 두알라족이나 말림바족(Malimba)과 거래를 했다. 19세기 초에는 나이지리아 남동부의 칼라바(Calabar), 카메룬 남부의 빔비아(Bimbia), 두알라 등이 유명한 노예 거래소들이었다. 그러나 유럽인들은 앙골라의 루안다나 세네갈의 생-루이 지역처럼 내륙에 정착해서 상설기구를 설치하지는 않았는데, 그 이유는 이 지역이 대부분 늪지로 이루어져서 접근이 어려웠던 해안가였다는 점과 당시에 창궐하던 말라리아 때문이었다.

영국의 진출

카메룬 지역에 본격적으로 진출한 최초의 유럽 국가는 영국이었다. 1807년 영국은 노예무역을 불법으로 선언했는데, 카메룬 해안은 당시에 노예무역지로서 서아프리카에서 명성이 높았다. 영국은 19세기 초부터 나이지리아와 카메룬 해안에 지배적인 군사력을 보유하고 있었다. 1827년, 영국은 1777년부터 페르난도 포 섬을 점유하고 있던 스페인의 허가를 얻어 그곳에 군대를 주둔시키고 비아프라만과 베냉에서의 노예무역을 금지하기 위해 화물선마다 노예들의 선적 여부를 감시했다. 그러면서 영국은 페르난도 포 섬을 기점으로 하여 지금의 나이지리아 영토인 비아프라(Biafra) 지역과 카메룬의 해안에 대한 탐사를 시작했다. 영국은 선교사들과 상인들, 그리고 아프리카협회(African Society)의 지원을 받은 존 릴리(John Lilley)같은 탐험가들을 파견한다. 또한 영국은 페르난도 포 섬에 진출할 때 서아프리카 반노예주의자들의 활동 중심지였던 프리타운(Freetown)에서 다수의 해방 노예들을 데려왔다. 해방 노예들의 존재와 노예무역의 공식적인 폐기는 영국 선교사들이 카메룬 연안에 활발하게 정착하도록 했다. 영국은 이후로 본국의 브리스톨과 리버풀에 있는 기업들에게 카메룬에서의 무역 활동을 장려했다. 1830년이 되자 카메룬 연안의 영국 상인들은 무역거래소와 물품보관창고들을 세우고 칼라바와 두알라 원주민 부족장들과 접촉하면서 거래했다.

1842년, 영국 영사는 카메룬강 지역의 원주민 부족장들과 합법적 무역을 장려하고 노예무역을 종식시키는 조약을 체결한다.

그러나 노예매매는 조약 이후로도 수년간 비밀리에 진행되었다. 노예매매는 해안가의 주요 도시였던 두알라가 팜 오일과 상아 매매가 더욱 수익성 있는 사업이라는 것을 입증할 때까지 지속되었다. 19세기 중반에 이르러 두알라는 상아 시장 덕분에 카메룬 해안의 가장 활발한 주요 중심지가 되었다. 두알라에는 유럽 상인들과 원주민들과의 갈등을 해결하기 위한 법원까지 설치되었다.

1844년 런던의 영국 침례교선교협회(Baptist Missionary Society)에 의해 기독교 포교가 시작되었다. 두알라에 최초의 교회가 건립되었고, 두알라에 정착한 최초의 선교사 알프레드 세이커(Alfred Saker)는 1860년 카메룬 최초의 학교를 세웠다.

[알프레드 세이커]

[알프레드 세이커가 세운 카메룬 최초의 교회이자 학교 베델 교회]

1850년 12월, 영국인 혼혈인 제임스 비크로프트(James Beecroft)는 원주민들과의 조약을 체결하였는데, 조약의 내용은 항구에서의 교역과 통행료의 징수, 도시 경찰의 조직 등이었다. 이 조약은 1852년 4월 24일 새로운 조약으로 대체되었는데, 새로운 조약의 내용에는 비아프라 지역에서 빈번히 시행되던 인신 공양 같은 야만적 풍습의 폐지, 야자유와 상아 거래를 위한 상업기구의 설치 등의 조항이 포함되어 있었다.

2. 독일보호령 시대

1) 독일과 카메룬의 보호조약 체결

선교사들이 활발하게 활동했던 영국 다음으로 카메룬에 진출한 것은 독일이었다. 최초의 본격적인 유럽의 진출이었던 영국의 활동은 처음에는 주로 선교 활동에 집중했다가 상인들의 교역이 뒤따르는 형태였다. 그러나 영국의 활동은 19세기 말에 접어들면서 독일 제국주의의 압박에 점차로 위축되게 된다.

1880년까지 영국 상인들과 독일 상인들은 카메룬 지역에서 큰 갈등 없이 지냈다. 독일 상인들은 영국 법원의 결정에 순순히 응했으며, 기니만에서의 영국의 주도권에 대항할 생각을 하지 않았다. 영국은 오히려 프랑스의 위협을 걱정하고 있었다. 당시에 프랑스 상인들은 나이지리아의 오일-리버(Oil-Rivers) 지역과 카메룬의 캄포(Campo) 지역에서 활발하게 활동하고 있었다. 1870년 이전에 프랑스인들은 이미 말림바(Malimba), 빅 바탕가(Big Batanga), 캄포 지역(Campo)에 거래센터를 세웠다. 영국 상인들과 원주민들은 카메룬 해안지역에 대한 영국의 보호령을 강력하게 원하고 있었다. 원주민들이 이미 영국인들에게 익숙해져 있었고, 프랑스인들과 거래하는 것보다는 영국인들과 거래하는 것이 훨씬 편하다는 것이 그 이유였다. 1877년에서 1884년 사이에 해안지역의 여러 원주민 족장들은 보호령 또는 영토 병합에 대한 요청을 런던에 직접 또는 기니만에 있는 휴렛(Hewett) 영사에게 여러 차례 보냈다. 그러나 영국 정부는 카메룬 지역에 대한 영국의 보호령 지정을 시급하게 생각하지 않았다.

독일은 1849년에서 1855년 사이에 하인리히 바르트(Heinrich Barth)가 북부 카메룬을 방문하여 카노(Kano) 왕국, 소코토(Sokoto) 왕국과 접촉한다. 1861년, 탐험가인 구스타프 나치갈(Gustav Nachtigal)이 차드에 도착했고, 1879년 플로겔(Flogel)이 베누에(Bénoué)에 도착한다. 1868년에는 두알라(Douala) 근처에 독일 함부르크의 상인인 뵈에르만(Woermann)에 의해서 독일 해외 상관이 설립되게 된다. 뵈에르만은 우리강(Wouri) 어귀에 창고를 건설하였고, 다른 독일의 무역상들은 본국으로 다량의 물품을 보내기 위해서 영사의 지시를 따랐다. 그들의 행보는 아프리카에 독일제국을 건설하고자 하는 비스마르크의 목적에 완전히 부합하는 것이었다.

영국 정부는 카메룬 문제에 대해서 결정을 내리지 못하고 있다가 결국 1882년 휴렛 영사에게 카메룬 강 유역을 방문하여 지역의 부족장들, 인구수, 지역의 상업활동 현황에 대한 보고서를 제출할 것을 명했다. 영국 정부는 휴렛의 보고서를 보고 나서 카메룬 합병에 대한 최종 결정을 내리고자 했다. 휴렛은 임기를 연장해 가며 카메룬 연안에 대한 자세한 보고서를 작성하여 제출했다. 그러나 그때까지 카메룬 문제에 대해 무관심했던 영국 정부가 휴렛의 보고서에서 눈여겨보았던 것은 카메룬 연안에서 급증하고 있는 프랑스인들의 상업활동이었다. 휴렛은 보고서에서 프랑스의 위협에 대해 언급했고, 카메룬에서 보내오는 영국 상인들의 서신들과 선교사들이 보내는 메시지들은 휴렛의 보고서의 내용을 확인시켜주는 것이었다. 실제로 프랑스는 1883년 4월 말림바 지역의 부족장과 조약을 체결하기도 했다.

이러한 사실에 놀란 영국 정부는 나이지리아와 카메룬 해안지역의 체제를 한 명의 순회 영사와 4명의 부영사 체제로 바꾸자는 휴렛의 제안을 받아들였다. 휴렛은 더 나아가 강력한 프랑스의 진출에 신속하게 대응하기 위해서 영사가 여왕의 승인 없이도 단독으로 지역의 부족장들과 조약을 체결할 수 있는 권한을 달라고 요구했고, 그의 요구는 1883년 11월 말에 승인되었다. 이것은 프랑스에게 아프리카 영토를 뺏길 수 없다는 조바심에서 나온 것이었다. 영국 정부는 휴렛에게 조약에 관한 전권을 위임하면서 비밀리에 지역의 부족장들과 조약을 체결하는 임무를 부여했다.

휴렛은 1884년 7월 6일부터 나이지리아 해안에서부터 시작하여 카메룬 해안까지 각 지역의 부족들과 순차적으로 조약을 체결할 계획을 세웠다. 나이지리아 지역에 체류하면서, 휴렛은 서아프리카 함대의 선장인 부루키(Brooke)를 카메룬 지역으로 보내서 원주민 부족장들이 자신이 도착할 때까지 다른 나라와 조약을 체결하지 말라고 설득하고자 했다. 그러나 부루키가 빅바탕가 지역에 도착했을 때는 독일의 군함이 이미 그곳에 정박해 있었고, 독일의 탐험가인 구스타프 나치갈8)이 해당 지역의 부족장과 보호령 협상을 진행 중이었다. 지역의 부족장이었던 벨(Bell)은 영국에 보호령을 여러 차례 요청했음에도 거듭된 영국의 거절에 비위가 상한 상태였다. 벨은 영국이 자신을 무시한다고 생각했고, 영국과 달리 자신의 환심을 사려는 독일을 선택한 것이었다. 휴렛이 1884년 7월 14일 두알라에 도착했을 때는 이미 그 전날 벨이 나치갈과 보호조약에 서명한 후였다. 나치갈의 보호조약 서명 소식을 들은 영국은 큰 충격을 받았다. 영국은 그동안 강력한 라이벌인 프랑스를 견제하는 데에만 온 신경을 썼지, 아무도 독일이 식민지 획득에 야망을 가지고 있다는 것을 알아차리지 못했던 것이다.

[두알라의 벨왕] [구스타프 나치갈]

---

8) 구스타프 나치갈(1834. 02. 23 ~ 1885. 04. 20)은 독일의 중부 및 서부 아프리카 탐험가였다. 그는 독일제국의 튀니지 총영사와 서아프리카 총영사도 겸직한 바 있다. 탐험가로서의 그의 활동으로 인해 토고랜드(Togoland)와 카메룬이 독일 식민제국의 첫번째 식민지가 되는 결과를 가져왔다. 베를린 지리학회(Berlin Geographical Society)에서 수여하는 구스타프 나치갈 메달은 그의 이름을 따서 명명된 것이다.

1884년 두알라에 나치갈이 등장한 것은 영국으로서는 놀라운 일이었지만, 사실 그것은 우연이 아니었다. 1883년 이래로 독일 정부는 은밀하게 카메룬을 점령할 계획을 세우고 있었다. 당시에 이미 많은 독일 상인들이 카메룬 지역에서 활동하고 있었다. 함부르크와 브레멘에 기반을 둔 12개가 넘는 독일 회사들이 카메룬에서의 무역과 대농장을 이끌고 있었다. 그중에서 가장 두드러진 사람은 아돌프 뵈에르만(Adolf Woermann)이었다. 그는 이미 오래전부터 비스마르크에게 그 지역에 대한 보호령을 요청하고 있었다. 1884년 2월에 콩고 분지를 중립화하기로 한 영국과 포르투갈의 조약 체결, 영국과 프랑스의 서부 아프리카에 대한 외교적, 상업적 활동의 증가 등은 비스마르크로 하여금 영국과 프랑스가 손쓰기 전에 서부 아프리카에서 영토를 확보해야 한다는 결심을 굳히게 했다.

1884년 4월 비스마르크는 영국의 외무장관인 그랜빌 경에게 '카메룬 해안지역의 독일 상인들의 현황을 파악하기 위해서' 나치갈을 파견하며, 그것은 '상업적인 몇몇 문제들을 해결하기 위한 것'이라고 서한을 보냈다. 독일 정부는 식민지에 반대한다는 비스마르크의 말을 철석같이 믿었던 그랜빌은 아무런 의심을 하지 않았고, 심지어 카메룬 지역 영사에게 나치갈을 도와주라는 명령까지 하달했다. 영국의 몇몇 신문들이 나치갈의 출발 1개월 전에 비스마르크의 속내를 꿰뚫어 보았지만, 영국인들은 아무도 믿지 않았다.

카메룬에 도착한 나치갈은 아부와 뇌물, 주류 제공, 매력적인 약속 등으로 원주민들의 환심을 사는 데 성공했다. 그는 원주민 부족장들에게 영국은 신뢰할 수 없는 나라이며, 그들이 독일과 손을 잡으면 이익이 극대화될 것이라고 설득했다. 카메룬 지역에서의 독일 최초의 보호령 조약 체결은 이러한 치밀한 준비의 결과였다. 나치갈은 여세를 몰아 7월 21일부터 26일까지 카메룬 연안에 있는 5개의 다른 상업지에 독일 깃발을 올렸다.

보호조약을 체결하자 독일은 카메룬에 대한 독점적 지배권을 선언했다. 나치갈의 조약에 근거하여 독일은 카메룬을 독일에 병합시키고, 그 해가 지나기 전에 영사를 임명하고, 다음 해인 1885년에는 총독을 임명했다.

[1884 독일과 두알라의 보호조약이 체결된 건물]

2) 독일의 카메룬점령과 영토 확장

독일의 카메룬 점령

독일 보호령 초창기에는 많은 영국 상인들과 선교사들, 그리고 영국과의 관계에 익숙해져 있던 원주민 부족들은 독일과의 조약을 인정하지 않았다. 영국인들은 두알라 지역이 실질적으로 영국 상인들에 의해 지배되고 있다는 점을 강조했고, 많은 원주민 부족들이 공개적으로 독일에 대한 반감을 표시했다. 그들은 독일이 영국을 속이고 불공정하게 이 지역을 점령했다고 비난했다. 결국 1884년 12월 두알라 지역을 중심으로 반란이 일어났다. 조약에 참여하지 않은 부족장들이 조약에 참여한 부족들을 변절자로 부르면서 그들의 마을을 습격하여 독일 국기를 찢고 뵈에르만사 현지 지사장을 살해했다. 주로 두알라족이 중심이 된 이 반란은 근처에 정박하고 있던 독일의 전함 비스마르크호의 군대가 상륙하는 빌미를 제공했고, 곧이어 야만적인 보복이 뒤따랐다. 독일의 난폭한 정복이 시작되자 풀라니족 국가들과 만다라 왕국의 저항이 거세게 일어났다. 그러나 국제정세에 따른 카메룬의 상황은 영국과 원주민들의 뜻대로 흘러가지 않게 된다. 1884년 11월부터 1885년까지 열린 베를린 회의에서 프랑스와 영국은 카메룬에 대한 독일의 소유권을 인정하게 된 것이다.

1884년 베를린 회의는 흑아프리카 지역에 대한 영향력을 확장하고자 하는 유럽 열강들의 경쟁 상태를 정리하고자 하는 목적에서 개최되었다. 이 회의는 비스마르크 주도로 열린 회의였었고, 당시에 유럽의 강력한 세력으로 떠오르던 독일은 프랑스와의 협력하에 영국을 카메룬 문제에서 고립시키는 데 성공한다. 독일은 이 회의에서 카메룬과 탄자니아, 나미비아 등에 대한 독자적인 권리를 확보했다.

[1888년에 건립된 독일 총독공관. 1893년 폭동으로 파괴되었다]

[총독의 도착을 기다리는 군대의 모습]

 베를린 회담 이후 카메룬을 차지한 독일은 1885년에서 1905년까지 북부지방으로 진출해 나갔다. 1884년 이전의 아프리카 탐사가 주로 경제적 교역 루트를 확보하는 것이 주목적이었다면, 1884년 이후로는 영토의 확보가 우선 목표였다. 독일의 탐험가 진트그라프(Eugen Zintgraff)는 1886년 독일 외무부의 카메룬 탐사 의뢰를 받아 칼라바에서 출발하여 우리강(Woori) 유역을 탐사했다. 그는 1888년부터 1889년까지 카메룬 북동쪽에 대한 대대적인 탐사를 실시하여 카메룬 내륙을 탐사한 최초의 유럽인이 되었다.

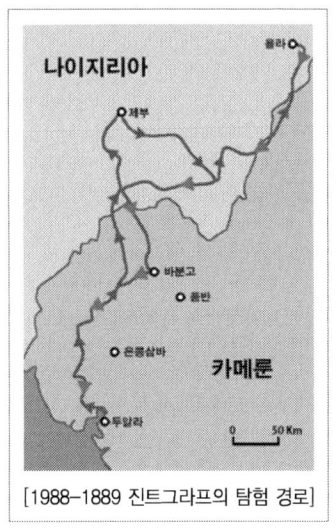

[1988-1889 진트그라프의 탐험 경로]

[1901년 1월부터 1911년 11월까지 카메룬 상황]

이후 독일의 보호령은 북쪽의 차드호에서 남서쪽의 상하강(Sangha) 기슭에 이르는 현재의 카메룬 지역과 나이지리아, 차드, 중앙아프리카공화국의 일부 지역들로 확장되게 된다. 1894년에 독일의 카메룬 식민지역은 서쪽으로는 영국령 나이지리아와 동쪽으로는 프랑스적도아프리카 지역에 달하게 되었다. 독일은 처음에는 카메룬산의 기슭에 있던 도시 부에아(Buéa)를 보호령 지역의 수도로 정했다가, 1908년에 두알라(Douala)로 수도를 옮기게 된다.

1911년 독일은 프랑스적도아프리카 지역 중 30만km²에 달하는 영토를 추가로 할당받게 되는데, 이것은 1911년 모로코의 아가디르(Agadir) 위기 후에 이루어진 페즈(Fez) 조약에 의한 것이

[1911년 11월부터 1916년 3월까지의 카메룬]

었다. 이 조약에서 독일은 프랑스의 모로코에 대한 권리를 인정하는 대가로 카메룬과 인접한 프랑스적도아프리카의 영토를 요구했다. 독일은 북부지방 영토의 일부를 프랑스에게 넘겨주고 동부지방의 넓은 영토를 할당받았다. 이때 프랑스로부터 할당받은 지역은 뉴카메룬(Neukamerun)이 된다.

<u>카메룬 영토의 확정</u>

유럽의 시각에서 보면, 18세기가 끝날 때까지 카메룬의 역사는 대부분 해안지역의 역사였다. 내륙의 울창한 열대우림 너머 차드호에 이르는 광대한 지역은 독일의 보호령 수립 이후에야 카메룬 영토로 인식되었다. 독일 보호령 이후 카메룬의 북부지역은 지정학적 중요성이 커지게 되었다.

카메룬의 역사를 보면 고대 왕국들의 출현 등 역사의 주체는 오히려 북부지역이었고, 남부 해안가는 오히려 역사의 변방이라고 할 수 있었다. 실제로, 역사적으로 볼 때 카메룬 북부지역은 남부지역과 전혀 다른 역사적 전통을 가지고 있었다. 그들은 풀라니 술탄국, 이슬람 전통, 풀라니-키르디족의 경쟁 등 남부 지역과는 전혀 다른 역사와 문화를 가지고 있었다. 그러나 유럽인들의 입장에서 보면, 1901년 이전에는 카메룬에 '북부'가 없었다. 북부 카메룬은 18세기와 19세기의 유럽인들에 의한 탐험이 끝난 후에야 역사에 등장하게 된다. 북부를 포함한 카메룬 전역에 대한 영토의 인식이 성립되게 된 것은 독일이 은가운데레(Ngaoundéré)와 가루아(Garoua)를 접수한 이후였다. 1913년에 이르러서 독일보호령의 경계가 최종적으로 확정되었고, 이를 바탕으로 영국과 프랑스의 영토 분할, 그리고 오늘날의 카메룬 영토가 결정되었다.

[1910년경 독일 조계]

그러나 1914년경까지 카메룬의 북부지역은 독일의 영향력이 완전히 미치지는 못했다. 카메룬은 독일의 보호국(Schutzgebiet)이었지만 실제로는 북서지역과 남부지역의 조계를 중심으로 관리되었다. 조계 지역과 남부지방은 직접통치 형태였지만, 북부지역은 간접통치였다.

3) 독일보호령 시대의 카메룬 개발

독일보호령 기간에 카메룬 남부지역에 대한 개발이 주로 이루어졌다. 독일은 초기에는 다른 아프리카 식민지처럼 대부분 지역에 대한 관리를 기업들에게 위임하였다. 기업들은 광대한 영토를 할당받았고, 바나나, 고무, 야자유, 코코아 등을 생산하기 위해 플랜테이션 농장에서 무자비한 강제노역을 시켰다. 그러나 독일의 식민 지배가 끝날 때쯤에는 국가 주도형 지배 시스템을 갖추게 된다. 철도 등 주요 기간 시설들과 커피, 카카오, 바나나, 야자나무를 대량으로 재배하는 다양한 플랜테이션 농장들이 이 기간에 만들어졌다. 1913년 카메룬의 마호가니 수출은 8,000톤에 달하게 되었고, 면화의 재배도 시작되었다. 이 사업들은 2차 세계대전이 발발할 때까지 지속되었다.

독일은 농업 생산물을 시장에 내다 팔기 위해 대량 수송의 문제를 해결해야 했다. 원주민들의 인력에 의한 운송은 한계가 있었기 때문이다. 당시에 야운데와 키리비 사이의 운송에 원주민 80,000여 명이 포터로 일하고 있었기 때문에 산업 인력의 균형이 위협받을 정도였다. 1912년에 카메룬 최초의 도로가 건설되었고, 1913년부터 항구도시 두알라부터 이어지는 두 개의 철도 건설이 결정되었다. 북부 철도 160Km는 마넨구바(Manenguba) 산맥까지, 그리고 300Km 길이의 간선 철도는 뇽(Nyong)강의 마카크(Makak)까지 이어진다. 철도 공사를 위하여 남부지방의 사나가(Sanaga)강 지류에는 160m 길이의 철도 교량이 건설되기도 하였다. 그 외에도 우편 및 전신 시스템과 선박을 통한 광대한 하천

네트워크가 해안부터 내륙까지 연결됐다.

[독일보호령 당시 우체국]

[독일보호령 당시 독일의 경찰서]

그 외에도 카메룬 전역에 병원이 설립되었다. 두알라(Douala)에 두 개의 병원이 건립되었는데 그중의 한 곳은 열대성 질병을 전문으로 다루는 병원이었다.

[1896에 설립된 카메룬 최초의 병원]

[1899년 건립된 카메룬 교회와 그 내부]

　1919년 독일의 공식 보고서에 의하면 1912년 카메룬 인구가 크게 증가했다. 그러나 원주민들은 독일이 주도하는 개발 사업에 참여하기를 꺼렸기 때문에, 독일은 가혹한 강제노동 체계를 통해 건설을 수행해나갔다. 실제로 식민지 주지사 제스코 폰 푸트카머 (Jesko von Puttkamer) 같은 인물은 토착 카메룬인에 대한 부당한 행동으로 인해 직위에서 해임되기도 하였다.

3. 프랑스와 영국의 지배

1) 영국과 프랑스의 전시 공동통치

카메룬의 독일보호령 시대는 1차 세계대전에 의하여 끝나게 된다. 1914년 유럽에서 1차 세계대전이 발발하자 프랑스와 영국 연합군은 즉시 독일의 식민지인 토고랜드와 카메룬을 공격하였다. 독일군은 두알라를 버리고, 산악지역으로 대피하여 끝까지 저항하였다. 독일과 영·프 연합군과의 전쟁은 1916년 초까지 지속되었고, 전쟁기간 동안 독일이 물러간 지역에서는 영국과 프랑스 연합군의 공동통치가 시행되었다.

1914년 9월 26일, 연합군이 두알라를 점령한 후 점령군은 점령지역의 행정업무를 맡고 있던 독인인들을 대체할 인력이 필요했다. 영국은 서아프리카 영국 식민지 지역에서 행정업무를 담당하던 인원을 카메룬으로 파견했다. 그러자 프랑스도 영토의 공동 관리를 보장한다는 명분 아래 자국의 인원들을 데려왔다. 영국과 프랑스 연합군은 독일이 완전히 패할 때까지 한시적으로 공동 행정을 유지하기로 합의했다. 즉, 독일과 전쟁을 하는 동안 영국과 프랑스는 카메룬을 공유하면서 각자가 자신들이 점령한 지역을 외부 개입 없이 자체적인 방식으로 관리하기로 한 것이다. 이때부터 프랑스는 카메룬의 역사에 공식적으로 등장하기 시작한다.

2) 카메룬의 분할

1916년 독일이 완전히 패하게 되자, 영국과 프랑스는 공동통치를 끝내고, 카메룬의 분할을 협상했다. 그 결과 1911년 프랑스가 독일에 양도했던 영토는 다시 프랑스적도아프리카가 되었고, 프랑스가 카메룬 영토의 4/5를 차지하고 영국은 1/5에 해당하는 지역을 접수하기로 하였다. 영국이 프랑스의 1/5에 불과한 영토를 접수하는데 동의한 것은 이 지역이 자신들이 통치하고 있던 나이지리아와 인접한 지역이었고, 무엇보다도 인구수에 있어서 프랑스에 할당된 지역에 거주하는 인구와 동일한 인구를 가지고 있었기 때문이다. 영국이 할당받기로 한 영토는 나이지리아 동쪽 국경지대에 인접한 좁고 긴 두 지역이었다. 이 지역들은 나이지리아 동쪽의 영국 식민지역들과 베누에강(Benoué) 남쪽의 돌출된 지형에 의해 분리되어 있던 지역들이었다.

1919년 베르사이유 조약에서 독일은 아프리카 식민지들에 대한 완전한 포기를 선언했고, 1922년 국제연맹은 이미 프랑스와 영국에 의해 실질적으로 분할통치 중이던 카메룬에 대한 프랑스와 영국의 통치권을 공식적으로 인정하게 된다. 최종적으로 1911년에 프랑스가 독일에 양도했던 동부의 지역은 다시 프랑스적도아프리카에 편입되게 되었고, 카메룬은 영국령 카메룬과 프랑스령 카메룬으로 나뉘게 된다.

국제연맹이 영국과 프랑스에 의한 카메룬의 분할통치를 결정한 것은 카메룬에 새로운 국면을 가져왔다. 두 개의 카메룬은 서로 다른 행정조직과 서로 다른 식민지 정책에 의해 상반된 방향으로 나가게 된 것이다. 영토의 인위적 분할은 사회적, 경제적, 정치적 전통이 다른 두 카메룬이라는 현실을 만들어 냈다. 시간이 흐를수록 두 카메룬의 대립은 심각한 문제로 대두하게 되었고, 부분적으로 정치적 통일이 된 오늘날까지 두 카메룬의 갈등은 계속되고 있다.

[1919년 06월 이후 프랑스와 영국의 카메룬 분할 상황]

3) 프랑스 식민지 시대

<u>프랑스식 통치제도의 정착</u>

독일은 보호령 시기에 잘 조직되고 상대적으로 효율적인 식민지 관료 시스템을 완성했을 뿐 아니라, 원주민 부족들을 순종시키는데 성공했다. 원주민 부족들 일부는 프랑스의 점령 이후에도 여전히 독일의 권위만을 인정하려고 했다. 그렇기 때문에 독일의 철수 이후 프랑스는 완전히 새로운 식민 행정부를 구성해야만 했다. 프랑스는 기존의 프랑스 식민지인 프랑스서부아프리카

(AOF)와 프랑스적도아프리카(AEF)에서 시행 중인 제도와 행정 구조를 도입했다. 그 결과 1916년 9월 5일 식민지 정권이 들어선 후 프랑스령 카메룬은 공공사업, 해상 통제, 철도의 운영, 재정 및 관세 관리 등 모든 면에서 프랑스적도아프리카와 유사한 시스템을 갖추게 된다.

프랑스가 카메룬 통치를 위해서 채택한 방식은 직접통치를 통한 '동화정책'9)이었다. 동시대에 많은 식민지를 운영하고 있던 영국이 자치제를 채택한 것과는 달리 프랑스는 자신들의 식민지 지역에서의 자치제를 고려하지 않았다. 프랑스는 명목상의 보편주의에 기반해서 식민지 지역에 정치적, 경제적 평등의 기회를 제공한다는 명분으로 동화정책을 수행했다. 1848년 프랑스 헌법 제 109조는 '식민지는 대도시와 마찬가지로 프랑스의 영토이며, 공공 법과 사적 법에 대해 동등한 권리를 누리고 있다'고 규정하고 있다. 실제로 1948년 세네갈의 4개 코뮌 주민들에게 프랑스 시민권과 투표권이 주어지기도 하였다. 그러나 프랑스의 이 '동화정책'은 원천적으로 불가능한 것이었다. 실제로 카메룬의 경우 프랑스 당국과 프랑스 교육을 받은 원주민 엘리트 사이의 기능적 협력에 의해 식민지 운영이 이루어지게 된다. 이것은 사실상 원주민들에 의한 '이원화 정책'이었다. 프랑스가 카메룬에 정착시킨

---

9) 프랑스의 식민주의 이데올로기. 프랑스 식민지에 프랑스 문화를 전파한다는 개념에 바탕을 두고 있다. 프랑스 식민지에 거주하는 피식민지 원주민들을 프랑스 시민으로 간주하고 프랑스의 문화와 관습을 적용한다는 것이 주요 골자이다. 피식민지 원주민들은 법적으로 '프랑스인'으로 간주된다. 이것은 그들이 프랑스 시민의 권리뿐만 아니라 의무도 진다는 것을 의미한다.

정치 · 행정 기관들은 이러한 이원화 정책의 모습을 잘 보여준다.

지방의회

프랑스가 카메룬 정치제도의 개편으로 가장 먼저 실시한 것은 카메룬지방의회의 설치였다. 이 의회는 이미 프랑스가 프랑스적도 아프리카 지역에서 실시하고 있는 것이었다. 의회의 위원장은 식민지 총독의 행정 및 군사 권한과 함께 지방행정관, 지역위원장, 자문기관의 구성원인 이사회를 임명하는 권한을 가지고 있었다. 공무원과 유럽의 저명인사들로 구성된 이 위원회는 예산, 토지, 세금, 지출 및 공공사업에 관한 것을 포함하여 중요한 문제에 대해 위원장과 상의하였다. 그러나 중요한 행정 기능은 프랑스의 민간위원에 위탁된 식민지국에 보고하여야 했다. 1927년까지 2명의 카메룬인들이 의원으로 참여했고, 1945년경에는 4명으로 늘어난다.

지도자 협의회

지도자 협의회는 프랑스가 원주민이 참여하는 정치기관이라는 의미에서 만든 조직이다. 그러나 이 협의회는 프랑스 식민정부에서 결정된 정책을 합리화하는 정도의 기능밖에 가지지 못했다. 협의회는 10명에서 20명의 위원으로 구성되었는데, 각 주요 민족의 대표들이 5,000명당 1명의 비율로 선출되었다. 1925년 식민지 행정 당국에 의해 설립된 이 협의회는 식민지 경영에 있어서 실질적인 권한을 행사할 수 없었지만, 오랫동안 아프리카인이 속할 수 있는 유일한 정치기관이었다. 협의회가 실질적으로 재편

된 것은 1949년에 이르러서였다. 1949년 1월 28일의 법령은 위원 수를 30명에서 40명으로 늘리고 경제·사회 단체, 지역 조합, 노동조합, 전통적 단체의 대표를 받아들였다. 그러나 농촌과 도시지역의 자치 단체 등 다른 지방의 행정조직이 발전함에 따라 지도자 협의회는 대부분 폐지되었다.

<u>전통적 지도자의 퇴출</u>
프랑스에 의한 지방의회와 지도자 협의회로의 행정 권한의 이양은 전통적 최고 권한의 축소를 가져왔다. 많은 경우, 전통적 지도자들의 퇴출은 협의회 창설 이전에 이루어졌다. 지도자의 퇴출은 강제적이고 급작스럽게 이루어진 것이 아니라 천천히 시간을 두고 진행되었는데, 그것은 프랑스에 순종적인 지역 통제체제를 수립하면서 권력 시스템을 개편하고자 했던 프랑스의 정책이었다. 전통적 지도자의 권력을 약화시키는 또 다른 수단은 법원의 설립이었다. 프랑스 당국은 아프리카인들이 법원을 인식하게 되면 전통적 지도자의 사법 권한이 약화될 것이라고 확신했다.

프랑스에 의한 새로운 기구들의 출범은 전통 지도자들이 가지고 있던 권위의 완전한 재편을 가져왔다. 많은 선거구가 생겨나고, 거기에서 여러 지방자치단체가 지역위원장 아래에 그룹화되었다. 이러한 지방자치단체의 장은 해당 지역의 발전에 대한 열망보다는 프랑스에 대한 충성심을 기준으로 선정되었다. 그러나 프랑스에 의해 만들어진 이러한 새로운 통치시스템은 현실적으로 거의 유명무실한 것이었다. 1922년 프랑스 식민지 총독부 보고서는 "식민지 자치 단체에게 권한을 위임하고 있을 뿐, 실질적인 권한은 개인이 아니라 행정 기관에 있다."고 밝히고 있다.

프랑스에 의한 전통적 지도자의 퇴출에 관한 대표적 사례는 1931년 바문 왕국의 왕 은조야의 폐위 사건이었다. 은조야는 독일 보호령 시대와 영국의 점령기, 그리고 프랑스의 식민 정권 시대에 이르기까지 왕좌를 유지하고 있었다. 그는 뛰어난 지적 능력을 보유한 인물로서 자신의 존재 필요성을 식민지 정권들에게 입증함으로써 전통적인 특권을 유지하고 있었다. 그러나 이러한 은조야의 존재는 프랑스 식민당국의 이해와 어긋났다. 1924년 프랑스 식민 정부는 바문 지역에 다수의 지방자치 기구들을 설치했는데, 그 수장들은 은조야의 전통적 권위에 반대하는 인물들이었다. 은조야는 자신의 권위를 지키기 위하여 반란을 일으키고자 했고, 프랑스 식민당국은 은조야의 공물 수집권을 박탈하고 그에게 연금을 지급하는 것으로 대응했다. 은조야와 프랑스 식민당국과의 대립은 6년여 동안 지속되었다가 결국

[1931년 강제이주 되는 은조야]

은조야의 하야로 막을 내린다. 1931년 은조야는 야운데로 강제 이주 되었고, 지방의 소도시인 은가운데레(Ngaoundéré)의 왕으로서 소액의 연금을 받는 것으로 결정되었다. 은조야는 1933년 사망했고, 그를 이어서 훨씬 순종적인 그의 아들이 왕위를 계승했다.

프랑스통치 시대의 개발

프랑스는 카메룬에 대한 직접통치를 실시하였지만, 각 지역의 특성에 맞는 정책을 구사하였다. 그 결과 북부 지역의 라미베족(Lamibé) 같은 경우는 자신들의 권력 일부를 보존할 수 있었다. 심지어 독일인들도 남서 해안의 일부 지역에서 계속해서 플랜테이션 농장을 운영할 수 있었다. 1922년 5월의 영국 의회 간행물 『카메룬의 영국권 보고서』는 독일인들의 농장들이 견고한 과학 지식을 바탕으로 운영되는 "전체적으로 훌륭한 산업 사례"라고 보고하고 있다.

프랑스는 1923년 프랑스어 교육을 의무화시켰으며, 프랑스에 우호적인 엘리트 양성에 힘썼다. 또 독일인들이 운영하던 플랜테이션 농장을 운영할 원주민 출신의 대농장주들을 양성하였다. 이것은 독일의 흔적을 없애고 식민지 통치에 있어서 프랑스의 주도권을 확보하기 위한 것이었다.

프랑스는 독일이 시작하였던 사회기반시설 건설을 그대로 이어받아 계속해 나갔다. 대표적인 예로 독일에 의해 시작되었던 두알라-야운데 철도 건설은 프랑스에 의해 마무리된다. 독일은 보호령 시대 동안 두알라, 크리비, 캄포 등의 도시들을 개발하면서 항구 시설, 철도, 교량, 도로 및 건축물 등을 설치했었는데, 이 기반 시설들은 매우 유용한 가치를 가지고 있었다. 영국과 프랑스는 독일로부터 양호한 기반 시설을 넘겨받은 것이다.

1923년부터 프랑스는 두알라 항구 건설, 중부지역의 철도 완공, 도로 건설 (1914년 600Km에서 1939년 6,000km), 비행장

[상공회의소]

건설 등 대규모 사회기반시설 공사에 착수했다. 1934년 카메룬 최초의 공항인 두알라 공항이 건설되었고, 프랑스-카메룬 간의 첫 항공노선이 개설된다. 두알라 공항은 1936년부터는 800m 길이의 활주로 3개가 설치되면서 확장되었다.

[두알라 공항에 나온 환송 인파]

그러나 이러한 대규모 기반시설 공사를 수행하기에는 자발적인 노동자들이 턱없이 부족하였다. 사업을 완공해야만 했던 프랑스는 노동자를 모집하기보다는 개인 소유의 플랜테이션 농장들로부터의 강제 징집을 더 선호했다. 이것은 명백히 불법이었지만 사회적 이익이라는 명분 아래 용인되었다.

[1930년 신축된 역사]

[1939년경의 열차]

[1930년에 건립된 법원 건물]

식민지 정부는 원주민 농장주들이 코코아, 바나나, 커피를 재배하는 것을 선호했다. 1927년에 농업 센터가 설립되었으며 마을마다 모니터 요원들이 보내졌다. 고무나무와 기름채취 목적의 야자 재배도 많이 권장되었다.

한편으로 공공교육 및 선교사들의 활동도 확대되었다. 1938년 선교학교들은 87,000명의 학생을 수용했다. 1952년에 선교학교들은 350,000명의 학생들을 교육했는데, 그중 중등교육 과정 학생은 8,000여 명이었다. 의료분야에서는 수면병을 퇴치한 자모(Jamot) 박사의 업적이 두드러졌다.

[자모 박사]

[프랑스 총독관저]

[서부 카메룬 지역 우편배달 차량]

<u>교환 경제의 성장</u>

식민지 시대에 서구에 의해 도입된 상업 시스템의 결과 중 하나는 교환 경제의 성장이었다. 유럽이 도착하기 전 카메룬 연안의 부족들은 대부분 자치경제 사회였다. 해안가에 거주하던 두알라 족은 주로 바다와 강에서 어업 활동을 했고, 농업도 주된 경제

활동이었다. 부계 혈통에 의한 혈통의 유지가 일반적인 관행이었고, 혈통의 범위는 대개 이웃 마을 이상을 벗어나지 않았다. 두알라의 수장은 대개 부족의 의사결정자라기보다 혈통의 상징으로 존중받았다. 중요한 결정은 마을 장로들과 개별적, 또는 공동으로 부족 회의에서 결정되었다. 그러나 노예제의 발달과 유럽 상업기지의 설립은 원주민의 삶의 방식을 근본적으로 변화시켰다. 두알라는 자신들이 그동안 유지해오던 농경사회로부터 더 수익성 있는 노예무역과 교환 경제로 빠르게 전환되었다.

두알라는 카메룬에서 1902년 노예매매가 폐지될 때까지 우리강(Wouri)과 카메룬산 사이의 지역에서 가장 두드러진 노예 수집자이자 공급자였고, 노예 시장을 거의 독점하다시피 했다. 이후 노예매매가 절정에 이르자, 두알라 뿐만 아니라 다른 해안 종족들도 유럽 인신매매업자들을 상대하는 노예 수집가 또는 중개자로 변신했다. 19세기 초 노예매매가 폐지되자, 두알라는 오일과 상아 등 주요 제품들의 매매중개자로 선회한다. 두알라의 원주민들은 농업과 어업 활동을 포기하고 서구의 기술 습득에 전념했다. 이후에 그들은 카메룬에서 가장 서구화된 토착민 그룹이 되었으며, 나중에 첫 번째 정치 그룹이 되었다. 점차 두알라 이외의 부족들도 노동력 부족 등의 이유로 교환 경제 시스템에 뛰어들게 된다.

19세기 말 해안 무역량의 증가로 인해 상품의 유통이 늘어나자, 해안가의 거의 전체 부족들이 교환 경제 시스템에 참여하게 된다. 원주민들은 주로 도로나 농장의 노무자로 일했는데, 1913

년 도로 건설 노동자의 수가 80,000여 명, 플랜테이션 농장 노동자는 18,000여 명에 달했다. 이들은 일반적으로 계약직 또는 기간별로 임금을 받으며 노동에 종사했는데, 이들이 임금을 사용하여 재화를 구입하게 되면서 카메룬의 전통적 경제시스템에 근본적인 변화를 가져오게 된다.

교환 경제에 기반을 둔 소유라는 서구적 개념의 등장은 카메룬의 전통적 경제 관념에 근본적인 변화를 가져왔다. 대표적인 경우가 토지의 소유개념이었다. 독일 보호령 이전까지 카메룬의 부족들에게는 대략 세 가지 정도의 토지 보유 유형이 있었다. 첫 번째의 가장 흔한 유형은 공동체의 모든 토지를 일족 공동체의 수장에게 위탁하여 관리하는 것이다. 두 번째 유형은 전통적 장이 모든 토지를 소유하고, 개별 구성원들에게 토지의 사용을 허가하는 것이다. 이것은 주로 북부의 이슬람화된 민족들 사이에서 두드러진 유형인데, 이때 수장의 권위는 절대적이다. 세 번째 유형은 카메룬의 산악 부족들 사이에 전통으로 내려오는 유형인데, 공동체의 장에게 토지의 관리와 임대의 권리를 부여하는 유형이다. 공동체의 장은 토지의 행정적 운영만 담당할 뿐 토지에서 나온 소득은 관여할 수 없다. 세 가지 유형 모두 서구적 의미의 소유권의 개념은 존재하지 않았다. 그렇기 때문에 유럽의 진출 이후 유럽인들의 해안 지대의 구입은 처음에는 별 어려움이 없었다. 대부분의 토지들이 원주민들의 주거지와 떨어져 있는 미개발지였기 때문이다. 문제는 나중에 유럽인들이 토지에 대한 소유권을 주장했을 때, 원주민들은 관습적 권리를 주장하며 토지를 비워주려 하지 않았다. 이러한 토지 소유와 관련된 갈등은 성장 중인 해안 도시와 인근 지역에서 심각했다. 나중에 도시가 발달하면서 더 많은 토지가 필요해지자, 토지 소유의 개념을 알게 된 원주민들도 유럽인들과 마찬가지로 대규모 투기에 뛰어들었다.

도시화

다른 아프리카의 도시들과 마찬가지로 카메룬의 도시화도 유럽의 필요에 의해 이루어진 것이었다. 1884년 독일이 보호령을 체결할 때만 해도 해안지역의 작은 부족 마을이었던 두알라의 인구는 약 5,000여 명에 지나지 않았다. 그러나 보호령 이후로 인구는 폭발적으로 증가하게 되어서 1897년 20,000여 명, 1913년에는 90,000여 명으로 증가하게 된다. 이러한 인구 증가의 원인으로는 두 가지 요인을 꼽을 수 있는데, 하나는 독일 당국의 보건정책 실시였고, 다른 하나는 외부 노동력의 유입이었다.

독일이 보호령을 수립할 당시, 카메룬 해안지역은 높은 습도와 비위생적인 환경으로 인하여 말라리아 등 열대성 질병의 확산에 유리한 조건이었고, 이로 인해 높은 사망률을 기록하고 있었다. 인구 부족으로 인한 노동력의 부족을 해결하기 위해, 1900년 이후 독일은 보건 진료소를 설립하고 원주민들에 대한 강제 예방접종을 실시하였다. 또한 주기적인 근무여건 조사 등을 통해 보건 및 위생 문제에 적극적으로 관여하였다. 그 결과 해안지역 원주민들의 사망률을 현저히 줄이는 데 성공했다. 또한 두알라의 동쪽과 북쪽에 철도망을 건설한 것은 인근의 많은 노동자들을 도시로 끌어들이는 결과를 가져왔다.

1차 대전 기간인 1914년과 1916년 사이 독일군은 카메룬에서 퇴각하면서 의료시설을 파괴했다. 그 결과 말라리아 및 수면병에 대한 의료정책들이 중단되었고, 1914년 이후 다양한 종류의 풍토병이 급속도로 퍼지게 된다. 다시 높아진 사망률과 전쟁으로 인한 건설 사업의 중단으로 고향으로 돌아간 노동력 등으로 인해 두알라의 인구는 급감하게 된다. 한때 20,000여 명까지 떨어졌던 두알라의 인구가 10만 명 선을 회복한 것은 1950년대 들어서이다. 도시로의 인구 집중 현상은 1950년대에 들어서면서 다양한 갈등을 불러일으키는 원인이 되기도 하였다.

무역과 교환 경제에 기반해 도시화가 가속화되자 교환 경제의 중심인 해안 도시들은 기술력, 교육, 경제력 등의 현대적 가치에 기반한 엘리트들을 배출하게 된다. 새로운 엘리트들은 자신들이 속했던 전통 그룹으로부터 경제적 독립을 하게 되고, 이러한 현상은 전통적 사회구조의 붕괴를 가속화하였다. 전통사회의 붕괴는 카메룬의 전통적 정치체제에 변화를 가져오게 된다.

강제노역

1920년대에서 30년대 사이의 프랑스의 식민정책들은 대부분 카메룬 현지 원주민들에게 많은 반감을 불러일으키는 것들이었지만, 그중에서도 가장 원성이 높았던 것은 지방 원주민들의 강제노역이었다. 프랑스는 카메룬 점령 첫해부터 대규모 토목공사를 실시하였다. 독일의 보호령 시기에 시작되었던 두알라와 야운데를 잇는 철도 공사의 재개를 위시하여, 카메룬 남부지역과 북부지역을 연결하는 많은 도로의 건설들이 이 시기에 시작되었다.

강제노역은 독일의 보호령 시기부터 실시됐었다. 당시에 독일은 카메룬 원주민들에게 노동세를 부과하였고, 이는 일 년에 30일의 노역이나 현금 납부로 대치할 수 있었다. 프랑스는 독일의 노동세를 폐지하는 대신에 주민세를 부과하였는데, 이는 남녀 모두에게 부과되었고, 심지어 북부의 일부 지역에서는 12세 이하의 어린아이들에게도 부과되었다. 독일의 보호령 시기에는 존재하지 않았던 여성에 대한 과세는 당연히 카메룬인들의 많은 반감을 불러일으켰다. 프랑스는 카메룬 남성들의 의무노역을 1년에 10일로 줄이고, 이 기간이 지나서 본인의 희망에 따라 노동을 계속하면 최저임금에 해당하는 임금을 지급했다. 이러한 조치는 일견 독일의 강제노역보다 완화된 조치처럼 보였지만, 실제로는 독일 통치시절의 강제노역과 사실상 동일한 것이었다. 주민세를 납부할 수 없었던 많은 카메룬인들은 노역장에서 일하는 것을 선택했기 때문이다. 노동자들의 모집은 지방의 수장들을 통해서 자발적으로 이루어졌지만 1930년대에 들어가면 거의 강제 징집의 형태를 띠게 된다.

건설현장들은 대부분 고온다습한 우림 지역이었고, 말라리아 등 풍토병에 무방비 상태였다. 강제노역과 관련하여 빈약한 수용시설, 열악한 급식에 따른 영양실조, 가혹한 학대 등에 관한 많은 사례가 보고되었다. 의료시설의 부족은 작업현장에서의 높은 사망률의 원인이 되기도 했다.

악명 높은 강제노역의 평판은 카메룬 주민들의 이웃 국가로의 대규모 이주 시도를 초래했다. 많은 수의 프랑스령 카메룬 지역의 카메룬인들이 영국령 카메룬, 프랑스령 가봉, 페르난도 포 등지로 이주했다. 프랑스는 이러한 이주를 막기 위해 다양한 조치를 취했다. 1925년 7월 9일 법령은 모든 아프리카인이 식민지 총독 또는 해당 지역장의 승인 없이는 자신의 지역을 떠날 수 없도록 규정했다. 이는 부족 단위의 대규모 이탈에 따른 노동력 부족 현상을 막기 위해서였다. 1936년에도 여전히 아프리카인들은 유럽인 고용주와 노동계약을 맺거나 현지 원주민 농장에서 일하는 경우를 제외하고는 자신의 출신 지역을 벗어나는 것이 허용되지 않았다. 1930년대에 들어서 가혹한 노동조건에 대한 국제 여론의 비난에 따라 노동자들에 대한 약간의 처우개선이 이루어지기는 했지만, 프랑스 점령기의 강제노역은 여전히 카메룬인들에게 악몽으로 남아있다. 카메룬에서 강제노역이 완전히 폐지된 것은 1952년에 이르러서였다.

4. 식민지 탈출

1) 식민지 정책의 자율화와 자치정부의 성장

1930년대 후반에 들어서 프랑스의 카메룬 식민통치는 일대 전환 국면을 맞게 된다. 프랑스 본국으로부터의 지시와 간섭이 줄어들고, 구성원에 카메룬인들이 다수 포함된 식민지 정부의 권한과 결정 사항이 확대된 것이다. 이는 프랑스의 식민정책 선회의 결과였다기보다는 1930년대 중반 이후의 유럽의 국제정세, 특히 독일의 국력이 급성장하여 유럽의 새로운 위협으로 대두되었다는 사실과 관련이 있었다.

1차 세계대전 패배 이후 아프리카의 식민지 지역을 모두 빼앗겼던 독일은 전쟁 이후에도 끊임없이 아프리카 옛 식민지 지역에 대한 집착을 보였다. 독일이 자신의 옛 아프리카 지역을 회복하려는 노력은 1920년대 들어 영국령 카메룬 지역에서부터 두드러지게 드러났다. 1차 세계대전이 끝난 후 체결된 베르사이유 조약은 연합국 정부에게 아프리카 식민지의 모든 독일 재산에 대한 완전한 권한을 부여했다. 조약에 따라 카메룬을 양분한 영국과 프랑스는 독일인 소유 자산들을 자국민들에게 매각했는데, 프랑스 정부는 프랑스령 카메룬의 독일 기업들을 1프랑이라는 상징적인 가격으로 자국민들에게 불하했다. 그 결과 이 지역의 모든 독일 자산들은 대부분 프랑스인, 약간의 영국인과 카메룬인 소유가 되었다.

그러나 영국령 카메룬에서는 상황이 전혀 달랐다. 영국은 이미 전 세계에 많은 식민지를 보유하고 있었고, 카메룬 인접 국가인 나이지리아를 통치하고 있었기 때문에 새로 취득한 카메룬의 영토가 큰 매력을 가지지 못했다. 카메룬의 식민통치가 이득보다는 유지 관리 비용이 더 든다고 판단한 영국 정부는 해당 지역을 자국민들에게 매각함으로서 실질적인 이득을 취하고자 했다. 그러나 영국인들에게 카메룬은 매력이 없었기 때문에 1924년까지 거의 실적을 올리지 못했다. 결국, 영국 정부는 매각을 결정할 때 전제로 했던 적대국 국민에 대한 판매금지 조치를 철회할 수밖에 없었다. 그 결과, 1924년부터 독일인들은 영국령 카메룬에 대한 대규모 인수에 나서게 된다. 1년여 만에 거의 모든 자산들이 독일의 원소유자들에게 인수되었고, 독일인들은 영국령 카메룬의 가장 큰 외국인 그룹이 되었다. 독일의 카메룬 복귀는 계속되어 1938년경에는 카메룬 체류 독일인의 수가 영국인의 3배에 달하게 되었다.

1930년대 중반 이후로 독일은 정부 차원에서 아프리카 식민영토 회복에 대한 대규모 선전전에 나섰다. 독일은 식민지를 되찾기 위한 홍보 활동을 강화하고 프랑스와 영국에게 양보를 강요했다. 1933년 바이마르 정권을 무너트리고 정권을 잡은 히틀러는 공식정책의 목표 중 하나로 식민지 재개를 발표했다. 히틀러는 프랑스와 영국에 '식민지 문제에 대한 해결책'이라는 명분으로 카메룬의 반환을 강경하게 요구했고, 1937년에 이르러 영국과 프랑스의 일부 지도자들은 전쟁을 피하기 위한 수단으로 '자연 자원의 재분배'라는 이름으로 식민지의 양보를 심각하게 고려하기도 했다.

이러한 독일의 압박에 대처하기 위하여 프랑스는 카메룬에 대한 유화책으로 선회하게 된다. 프랑스 본토 정부는 카메룬 식민정부에게 더 많은 자유와 권한을 부여했고, 더 많은 카메룬인들의 식민정부 입성을 허용했다. 이는 그전까지의 식민정책과는 획기적으로 달라진 것으로서 프랑스는 그때까지의 강압적 식민정책에서 식민지의 자발적 충성심의 유도로 방향을 바꾸게 된 것이다. 국제정세 변화에 따른 이러한 국면은 카메룬의 식민지 상황에도 많은 변화를 가져오게 된다. 식민정부에 많은 카메룬인들이 참여하게 되고 이전에 비해 자율적 운영의 폭이 대폭 확대되게 되었다. 특히 유럽의 상황이 심각해진 1937년에서 1939년까지의 기간에는 프랑스 본토의 식민정책이 거의 공백 상태에 돌입하게 되고, 카메룬 식민정부는 독립적으로 운영되게 된다.

2) 2차 대전과 카메룬

2차대전이 발발하고 1940년 6월 파리가 함락되자 프랑스의 해외 식민지들은 일시적으로 소유권 공백 상태에 빠졌다. 그러나 독일의 괴뢰 정부인 비시(Vichy) 정부는 발 빠르게 아프리카 식민정부들의 충성을 보장받았다. 1940년 6월 말까지 대부분의 서부 및 적도아프리카의 식민지들은 독일의 괴뢰 정부였던 비시 정부의 수장 페텡(Henri Philippe Pétain)에게 충성을 맹세했다. 그러나 프랑스령 차드와 카메룬은 비시 정부에 합류하기를 거부했다. 프랑스 카메룬에서는 프랑스 정착민과 아프리카 엘리트의 대다수가 비시 정부에 합류한다는 사실을 받아들이지 않았다. 비시 정부에 합류한다는 것은 궁극적으로 예전의 독일 식민지 상태로 돌아간다는 것을 의미하기 때문이었다. 프랑스 카메룬의 총독 브뤼노(R. Brunot)는 파리가 함락되었을 때, 아프리카 프랑스 식민지 총독들에게 서로 연합하여 휴전을 거부하고 전쟁을 계속하자고 제안했다. 그러나 그가 아프리카의 여러 프랑스 총독들에게 보낸 전보에 대한 답변들은 부정적이거나 모호한 반응들이었다. 1940년 7월 카메룬은 식민지를 비쉬 정부에 합류시키는 비시법을 시행하기 위해 파견된 플랑통 제독의 방문을 받았다. 플랑통은 냉대를 받았지만 결국 일부 페텡 지지자들의 도움을 받아 카메룬을 비시 정부의 통제에 합류시키게 된다.

카메룬에서 인기 없던 비시 정부의 통제는 오래가지 못했다. 1940년 8월 26일 밤, 드골의 밀명을 받은 르클레르(Philippe Leclerc de Hauteclocque) 대령(후에 장군)이 24명의 병력을 데리고 두알라에 상륙했다. 그들은 두알라의 저항조직과 합류했고, 새벽이 되기 전에 도시의 행정 건물을 점령하고 카메룬에 거주하는 프랑스인들을 드골에게 가담하게 했다. 르클레르는 야운데에 2개 부대의 원주민 군대를 보냈고 야운데는 저항없이 항복했다. 르클레르는 카메룬이 항복했다는 사실을 드골에게 알렸고, 드골은 즉시 제네바의 국제연맹(League of Nations)에 카메룬의 자유프랑스10) 합류를 선언했다. 8월 26일 같은 날, 차드에서는 자유프랑스가 파견한 장 콜로나-오르나노(Jean Colonna-d'Ornano) 중령과 르네 플레방(René Pleven) 중령이 차드의 수도인 포트 라미(Fort-Lamy)11)에 도착하여 차드의 자유프랑스 합류 사실을 알렸다. 드골은 8월 30일 가봉을 제외한 프랑스적도아프리카(A.E.F)의 영토가 모두 자유프랑스에 합류했다고 발표했다.12) 1940년 10월 8일, 드골은 자유프랑스가 프랑스적도아프리카 영토를 지배하게 되었음을 상징하기 위해 두알라를 방문한다.

---

10) 2차 대전 당시 드골이 영국에 세운 프랑스 망명 정부
11) 지금의 은자메나(N'Djamena)
12) 가봉은 1940년 11월 초 르클레르 대령이 지휘한 2,000명의 병력이 수도 리브르빌을 점령한 후에 자유프랑스에 합류한다.

[1940년 10월 드골의 카메룬 시찰]

르클레르 대령은 몇 개월 후 야운데를 떠나 포트 라미에 사령부를 설치했다. 아프리카 대륙의 중앙에 위치한 이곳에서 르클레르는 1,000여 킬로미터 떨어져 있는 리비아 국경에 주둔하고 있던 이탈리아군에 대한 공격을 시도한다. 르클레르는 소규모 기계화 사단을 이끌고 사하라 사막을 가로질러 이탈리아군의 후방을 공격했다. 르클레르가 이끌던 이 군사작전은 트리폴리가 자유프랑스와 영국의 연합군에 항복한 1943년까지 지속되었다. 군사작전에 필요한 병참의 보급은 프랑스적도아프리카 국가들과 카메룬을 통해서 이루어졌다. 이 과정에서 카메룬은 프랑스의 아프리카 자유프랑스군의 구성에 중요한 역할을 했다. 카메룬인들은 프랑스와 연대감을 가지고 있었기 때문에 르클레르가 카메룬 자원병을 모집했을 때 수천 명이 몰리기도 했다.

[1940년 카메룬의 드골군 가담 운동 기념명패. 상공회의소 건물 벽에 있다.]

[2차 대전 참전 희생용사 기념탑]

2차 대전 중에 프랑스에 협력한 카메룬의 선택은 이후 카메룬의 위상 변화에 중대한 영향을 끼치게 된다. 카메룬은 프랑스 식민지 국가들 중에서 새로운 중요성을 획득하게 되었다. 프랑스 정부는 식민지 행정부에 다수의 카메룬 엘리트들을 포함시켰으며, 훗날 이들의 정치적 요구들을 들어주게 된다.

새로운 카메룬의 위상은 1944년 브라자빌(Brazzaville) 회의를 이끌어내는데 일정한 공헌을 하게 된다. 프랑스에 충성했던 카메룬인들의 태도는 프랑스 당국의 생각을 바꾸게 만들었고, 1944년 1월 30일 브라자빌 회의에서 카메룬의 근본적인 정치적 행정적 개혁을 추진하게 된다. 그 결과 선거에 의한 지방의회가 구성되게 된다. 이러한 변화는 카메룬의 정치 발전에 중요한 의미를 가지게 되는데, 카메룬인들은 처음으로 정치적, 행정적 미래를 스스로 결정할 법적으로 인정된 기관을 가지게 된 것이다. 처음으로 카메룬인들은 정치적 결정에 있어서 자신들의 역할을 할 수 있었고, 더 중요한 것은 제도적 수단을 통해 그들의 열망의 정당성을 검증할 수 있었다는 것이다. 이것은 카메룬에서 정치세력 형성에 필수적이었으며, 카메룬인들은 정치 분야에 있어서 상당한 진보를 이루게 된다.

1944년 브라자빌 회의

브라자빌 회의는 2차 세계대전 중인 1944년 1월 30일부터 2월 8일까지 프랑스 식민지의 역할과 미래를 결정하기 위해 프랑스 해방위원회 (CFLN) 주최로 프랑스적도아프리카의 수도였던 브라자빌[13]에서 개최한 프랑스 식민지 지도자들의 모임이다.

회의의 개최 배경은 2차 세계대전으로 인한 프랑스와 아프리카 피식민지 국가들 사이의 관계 변화였다. 1940년 프랑스의 패전 이후에도 프랑스 식민지 제국의 대부분은 드골이 이끄는 자유프랑스군의 일원으로 연합국과 동맹했다. 자연히 드골은 아프리카와 프랑스 식민지 간의 관계를 수정할 필요성을 인식하게 되었고, 그 결과 1944년 1월 자유프랑스의 정치인들과 프랑스 식민지의 고위 관리들이 브라자빌에서 만났다. 회의는 식민지 국가들의 정치, 사회 및 경제적 개혁을 권고하는 브라자빌 선언을 발표한다.
브라자빌 선언은 다음과 같은 내용을 담고 있다.

1. 프랑스 식민지들은 연합의 상태를 유지한다.
2. 각 식민지 지역에 반(半)자치 의회를 설치한다.
3. 프랑스 식민지 시민들은 프랑스 시민과 동등한 권리를 누린다.
4. 프랑스 식민지 시민들은 프랑스 의회에 투표할 권리가 있다.
5. 원주민 인구는 식민지 내의 공직에 고용될 것이다.
6. 프랑스와 식민지 간의 착취적인 성격을 완화하기 위한 경제개혁이 이루어질 것이다.

브라자빌 회의는 아프리카 식민지 국가들의 대우 개선이라는 순수한 의도에서만 개최된 것은 아니었다. 2차 대전이 끝나갈 무렵 프랑스는 식민지의 미래에 대해 위기감을 가지게 되었다. 프랑스는 이미 전쟁으로 인해 지역 주민들을 통제하는데 많은 어려움을 겪고 있었고, 알제리와 튀니지 같은 북아프리카 지역에서는 민족주의의 열망과 긴장감이 커지기 시작했다. 프랑스가 도움을 받은 미국은 식민주의에 반대하는 입장을 가지고 있었고, 마다가스카르에서는 영국 점령 한달 만에 프랑스의 권력이 눈에 띄게 약화하였다. 이러한 상황에서 프랑스는 전쟁 중에 선제적으로 식민지 국가들의 전쟁 후 미래를 약속하는 브라자빌 회의를 개최하게 된다. 브라자빌 선언의 내용은 프랑스와 피식민지 국가들과의 관계 개선을 약속하는 내용들로 이루어져 있지만, 식민지 국가들의 완전한 독립 가능성은 거부되었다.
그러나 최초의 의도에도 불구하고, 브라자빌 회의는 프랑스와 식민지 국가들과 관계의 전환점으로 여겨지고 있다. 많은 역사학자들은 브라자빌 회의를 불완전한 것이라 할지라도 탈식민화의 첫번째 징조로 보고 있다.

[프랑스인 운영 식료품점 내부]

[1950년경 두알라 항구 전경]

3) 신탁통치 시대

2차 세계대전 중인 1940년 8월 프랑스령 카메룬은 자유프랑스 지역과 합병하게 된다. 이로 인해 카메룬은 프랑스의 아프리카 자유프랑스군의 구성에 중요한 역할을 했다. 카메룬 지식인의 대부분은 자유프랑스와의 합병을 지지했지만, 일부 반대 세력도 존재했다.

---

13) 지금의 콩고 공화국의 수도

2차 세계대전이 끝난 1945년에 카메룬은 국제연맹을 계승한 국제연합(UN)의 신탁통치 국가가 된다. 국제연합은 그때까지의 프랑스와 영국의 식민지 통치를 인정하여 카메룬에 대한 영국과 프랑스의 신탁통치를 승인하게 된다. 유럽의 두 열강은 각자의 지역에서 독자적인 통치를 이어가게 된다.

[1945년 프랑스와 영국의 신탁통치 지역]

영국의 신탁통치

영국 위임통치 하의 카메룬은 북부 카메룬과 남부 카메룬의 두 지역으로 관리되었다. 북부 카메룬은 나이지리아와 카메룬 사이의 두 개의 분리된 구역으로 구성되었으며, 나이지리아 북부지역의 일부로 관리되었다. 남부 카메룬은 동부 나이지리아의 한 주로 관리되었다. 카메룬에서는 제1차 세계대전 이후 많은 독일인들이 남부 해안지역에서 플랜테이션 농장을 운영하고 있었다. 이 독일인 농장들은 전반적으로 건실하게 운영되었다는 평을 받고 있다. 1930년대 이후로 영국령 카메룬의 백인 인구는 대부분 독일인이었고, 그들 대부분은 1940년 6월부터 영국 수용소에 수용되었다.

1946년에 국제연맹이 해체되자 영국령 카메룬은 유엔 신탁통치 이사회가 관리하는 유엔 신탁 영토로 재분류 되었지만 여전히 영국의 통제하에 있었다. 유엔은 1946년 6월 12일 영국 카메룬이 영국에 의해 통치될 수 있도록 신탁통치협정을 승인했다. 1946년까지 카메룬의 영국의 신탁통치 지역의 남부지방은 행정제도 상의 변화가 없었고, 북부지방은 나이지리아의 남동지방으로 편입되었다. 행정제도는 1954년이 되어서야 발달하기 시작했는데, 그것은 이 지역이 주민 자치권을 획득하고 난 후였다. 그 후로 나이지리아연방 상공회의소의 지배를 받지 않는 모든 분야의 업무를 다루는 입법회의나 집행위원회 같은 행정기구가 결성되었다. 1959년 입법부 의원이 늘어나고 집행이사회는 공무원이 아닌 정치인으로 구성된 장관 회의로 바뀌었다.

이러한 제도화는 남부 카메룬 지역에서 나이지리아에 속한 채로 지역자치제를 하자는 세력14)과 불어권 카메룬과 통합하자는

---

14) 폴 케일(Paul M. Kale)의 카메룬 인민당(Kamerun People's Party)

세력15)의 대립을 가져왔다. 1959년 영국 정부에 의해 실시된 주민투표는 영국의 보호령으로 남아있는 것을 선택했다.

<u>프랑스의 신탁통치</u>

1차 세계대전 이후 프랑스령 카메룬을 차지한 프랑스는 카메룬에서도 다른 식민지에서처럼 동화정책을 시행해 왔었다. 프랑스 정부는 카메룬에 있는 많은 재산을 이전 독일 소유주에게 반환하는 것을 거부하고 대부분을 프랑스 기업에 불하하였다. 금융 고무 회사(Société financière des Caoutchoucs) 같은 회사는 불하받은 독일인들의 고무 플랜테이션 농장을 계속 운영하여 프랑스령 카메룬에서 가장 큰 기업으로 성장하기도 했다. 도로 및 기타 인프라 공사들이 원주민들의 강제노역으로 수행되었고, 독일 정권하에서 시작되었던 두알라-야운데 철도 노선도 이 시기에 완공되었다.

1945년 카메룬에 대한 유엔의 신탁통치가 결정되기 전인 1940년 8월 프랑스령 카메룬은 이미 자유프랑스에 병합되었다. 자유프랑스의 시스템은 본질적으로 군사독재였다. 자유프랑스의 수장이었던 르클레르는 전국에 계엄령을 선포하고 거의 모든 공공의 자유를 제한했다. 그것은 독일 식민지 시절에 대한 향수를 없애고, 그로 인한 프랑스로부터의 독립 의지를 무력화하기 위한 것이었다. 실제로 독일 지지자로 알려진 원주민들은 공공장소에

---

15) 존 은구 퐁샤(John Ngu Foncha), 솔로몬 탕뎅 무나(Solomon Tandeng Muna)의 카메룬 국가민주당(Kamerun National Democratic Party)

서 처형당했다.

  1945년 카메룬이 유엔의 감독을 받는 신탁통치국이 되자 카메룬은 군사독재에서 벗어나기는 했지만, 여전히 프랑스의 통제를 받게 된다. 영국의 신탁통치 지역과는 달리 프랑스 신탁통치 지역은 전혀 다른 분위기를 띠고 있었다. 1946년 남부의 민족주의자들은 유럽의 식민지 현상 유지 정책에 대하여 즉각적으로 반발하면서 파업과 소요 사태를 일으키며 저항하였다. 프랑스 신탁통치 기간 동안 식민지 당국과 혁명적 민족주의 운동 간의 대립이 격화되었으며, 이것은 결과적으로 카메룬의 정치 발전으로 이어지게 된다.

4) 2차대전 이후의 카메룬

<u>카메룬 정치세력의 등장</u>

  카메룬에서 최초로 등장한 정당적 성격의 집단은 1938년에 탄생한 프랑스 카메룬 청년협회(Jeunesse camerounaise française, Jeucafra)였다. 프랑스 카메룬 청년협회는 2차 대전이 끝난 후까지도 지속되었지만 실질적인 전국 규모의 정치세력이 되지는 못했다. 1945년 이후에 실질적인 정치세력으로 등장한 것은 노동조합이었다. 프랑스의 공산세력이 이끄는 최대조직인 전국 노동 연맹(Confédération générale du travail, CGT)은 1944년 8월 27일 카메룬에서 노동조합이 합법화되자 곧바로 카메룬 전국 노동조합(Union des syndicats confédérés du Cameroun, U.S.C.C.)을 설립했다.

노동조합과 정치세력으로는 민족과 지역을 대표하는 세력들16)이 있었는데, 이들의 정치적 결정은 주로 전통적 수장들에 의해 영향을 받았다. 다른 한편으로는 도시 엘리트들로 구성된 정당들이 있었다.17) 이들은 상대적으로 부족 세력들로부터 독립적이었고, 식민지 정부 관리들이나 정치단체들 또는 프랑스 노동조합 같은 세력들과 연결되어 있었다.

1946년부터 카메룬은 대도시를 중심으로 긴밀한 통제와 중앙집권화가 이루어지게 된다. 그것은 이중 학교 제도나 제한된 선거권같이 일반 시민들의 정치 참여를 제한하는 법적 장치를 통해 이루어진 것이었다. 이러한 정치 구조는 사회 전반에 걸친 긴장과 분열을 초래했다.

<u>카메룬 인민연맹(UPC)의 창설</u>

1948년 루벤 움 은요베(Ruben Um Nyobè)가 바밀레케족(Bamiléké)과 바싸족(Bassa)에 기반을 두고 있는 민족주의 운동인 카메룬 인민연맹(Union des populations du Cameroun, UPC)을 창설한다.

---

16) 두알라 지역의 은곤도(Ngondo), 바싸족의 움 은코다 은톤(Um Nkoda Nton), 바밀레케족의 쿰제(Kumsze), 은템-크리비의 에풀라-메용(l'Efoula-Meyong), 아다마두아의 카메룬 국민전선(le Front national camerounais) 등이 있다.

17) 주요 정당으로는 1948년에 노조원들이 앞장서서 창설하고 아프리카 민주연합에 가입한 카메룬인민연맹(UPC), 1951년에 창설된 가톨릭 세력의 카메룬 민주집단(Bloc démocratique camerounais, BDC), 1953년에 활동을 시작한 카메룬 사회연맹(Union sociale camerounaise, USC)등이 있다.

[루벤 움 은요베]　　[루벤 움 은요베의 동상]

독일 지배 시기의 바싸(Bassa) 지역 출생인 은요베는 기독교 학교에서 교육을 받고 프랑스 식민정부에서 근무한 소수의 토착 공무원이었다. 1, 2차 세계대전 사이의 기간 동안 프랑스가 자행한 착취를 직접 목격한 은요베는 개인적인 경험을 바탕으로 식민주의에 대한 투쟁은 피식민자의 일상생활에서 펼쳐지는 구체적인 투쟁이 되어야 한다고 확신하게 된다. 은요베가 구상했던 UPC는 출신 부족, 소속 지역, 종교적 신념에 관계없이 카메룬의 국민을 보호하는 조직이었다.

열악한 임금과 과도한 세금, 인종 차별, 원주민에 대한 지속적인 학대 등 식민지 치하의 모든 불의에 맞서 싸우기 위해 은요베와 UPC는 수년 동안 열정적으로 회의 및 토론을 이끌면서 전통 단체, 농민 사회, 마을 공동체, 종교 단체, 프랑스 본토로 파견된 학생, 퇴역 군인 단체 등과 접촉하였고, 각 단체의 지도자들은 UPC 지도부의 메시지를 전국적으로 전달하였다. 그 결과 1948년에는 100명의 조직원에 불과했던 이 운동은 이듬해 7,000여 명의 회원을 확보했고 1950년에는 20,000여 명이 되었다. 처음에는 그다지 호응이 크지 않았던 북부지역에서까지 UPC의 영향력이 커지자, UPC는 카메룬 국민을 위한 교육자이자 대변인의 위상을 가지게 된다.

처음에는 대립적이었던 두알라의 은곤도(Ngondo)나 바밀레케 지역의 쿰즈세(Kumzse) 같은 지역 협회 및 전통 조직까지 우호적 관계로 돌아서게 되자 UPC는 1952년 여성 조직인 카메룬 여성 연맹(UDEFEC), 1954년 청년 조직인 카메룬 민주청년(JDC)을 결성하게 된다. 서로 다른 언어, 문화, 종교 및 계층의 사람들을 하나로 모아 공동의 이익을 추구했던 UPC는 불과 몇 년 만에 많은 부분의 정치화에 성공하게 된다. 카메룬인들은 개인적으로나 집단적으로나 자신들이 주권자이며 그들의 운명의 주인이라고 생각하게 되었으며, 이것은 탈식민화의 첫 번째 단계이자 본질적인 목표였다.

초기 UPC의 활동에서 두드러지는 것은 합법적 행동과 비폭력성이었다. 은요베는 생애의 마지막까지 합법성에 집착하고 폭력 사용에 근본적으로 반대했다. 그는 프랑스와 프랑스의 식민주의를 구별하였고, 자신들이 저항해야 할 대상은 프랑스 식민주의자들이라고 생각했다. 은요베는 나치즘에 맞서 싸운 프랑스 레지스탕스 투사들에게 자주 경의를 표하곤 했으며, 프랑스의 공화주의

원칙을 높이 평가했다. 실제로 UPC 무장 세력은 집회 중에 프랑스 국가인 라 마르세이예즈(La Marseillaise)를 부르는 것을 주저하지 않았다.

은요베는 프랑스 식민정부에 직접 맞서는 방식보다는 국제 여론을 환기시키는 외교 전략을 중시했다. UPC는 유엔 신탁통치위원회에 수십만 건의 탄원서를 보냈으며, 은요베는 1952년에서 1954년 사이에 3번의 유엔본부 연설을 통해 카메룬의 통일과 독립에 대한 당위성을 주장하였다.

[펠릭스 무미에]

1952년 펠릭스 무미에(Félix Moumié)가 UPC 의장을 맡게 되면서 UPC의 활동은 더욱 적극적이고도 광범위하게 된다.

프랑스 식민정부는 UPC가 가져온 카메룬 국민의 정신 혁명을 크게 우려하였다. UPC 운동이 빠르게 조직되고 지지자들을 확보하면서 해외 접촉이 증가하자, 프랑스 식민정부는 UPC에 대한 탄압을 하게 된다. 처음에는 UPC 지도자들에 대한 사찰이나 방해, 공산주의로의 매도 정도였던 탄압은 1950년대 중반 들어서면서 잔혹한 무장 진압으로 전환되었다.

UPC의 무장화와 카메룬 전쟁

UPC가 광범위한 카메룬 국민들의 지지를 받게 되자 프랑스 식민정부는 '반공산주의'를 내세우며 UPC 반대파를 양성하여 대항하면서 제도적 방해를 하게 된다. 프랑스는 UPC를 견제할 목적으로 토착 민족에 기반한 친프랑스 정당들의 설립을 유도했다. 프랑스의 일방적인 지원과 석연치 않은 선거 과정으로 인해 친프랑스 정당들은 대부분의 선거에서 승리하면서 UPC 후보들의 의회 진입을 차단하게 된다.

1954년 말부터 프랑스 식민정부는 UPC를 공산주의 단체로 규정하고 UPC 제거를 위한 강압적인 조치들을 시행한다. 프랑스 식민정부는 사법, 행정 및 경찰 조직을 동원하여 민족주의 활동가들의 집회, 이동, 단체 조직을 막음으로써 UPC의 사상이 확산되는 것을 막았다. 언론과 전통적 단체들 그리고 가톨릭 계층은 UPC를 '공산주의자' 또는 '악마적 무신론자'로 공격하는 적대적인 슬로건을 지속적으로 펼쳐나갔다. 또한 프랑스 식민정부는 UPC를 물리적 폭력으로 억압하기 위해 도시와 마을마다 민병대를 조직했다.

1955년 4월 22일 UPC와 그 자매 조직들은 카메룬의 '즉각적인 독립'을 요구하는 공동 선언문을 발표한다. UPC는 프랑스가 주장하는 '점진적인 자유주의적 독립'이 카메룬 국민을 기만하는 술책이라고 주장했다. 이미 이러한 사태를 예견하고 있던 프랑스 당국은 아비장(코트디부아르)와 리브르빌(가봉)에 주둔하고 있던 자국 군대를 카메룬에 재배치한다.

이러한 과열된 분위기에서 1955년 5월 중순 일련의 폭력적인 폭동이 발생하게 된다. 카메룬 주민들의 사회적 불만, 행정부의 지속적인 도발 및 괴롭힘이 원인이 된 이 폭동은 5월 15일 중부의 멍고(Mungo) 지역에서 발생하여 두알라, 야운데, 사나가-마리팀, 바밀레케 지역 등 남부 전역으로 확산되었다. 분노한 시위대에 의해 경찰서 약탈 등 폭력 사태가 벌어졌고, 이를 진압하기 위해 프랑스 당국은 가혹한 군사적 탄압으로 맞섰다. 약 2주간에 걸친 이 폭력 시위로 인해 50여 명의 사망자와 150여 명의 부상자가 발생했다. 결국 UPC는 1955년 남부지방과 두알라에서의 소요 사태 이후로 불법 단체로 지정되게 된다. 소요 사태로 인해 UPC 제거의 명분을 얻은 프랑스 당국은 UPC의 조직원들을 불법체포 하면서 무력으로 진압하였고, 체포를 피한 조직원들은 영국령 카메룬이나 산림 속으로 피신하였다.

결국, 1956년 12월 UPC는 카메룬의 독립을 위한 무장 투쟁을 선언하고 행동에 돌입한다. 1956년 12월 18일 밤, 관제 선거가 시행되고 있는 투표소에 대한 공격을 시작으로, 교량의 파괴, 도로의 차단 등이 이루어졌다. 바싸족(Bassa)이 주동이 된 이 폭동으로 인해, UPC에 적대적이었던 수많은 사람이 살해되었고, 교량, 전화망 등 사회 기반시설들이 파괴되었다. 프랑스와 카메룬 정부군은 즉각적으로 반응하여 사나가-마리팀에서 전례 없는 규모의 군사작전이 시작되었다. 프랑스는 반란 사태를 잔인하게 진압하였고, 프랑스군의 진압으로 와해된 UPC는 레지스탕스 운동으로 전환되어 게릴라전을 전개하게 된다. UPC는 지하조직 활동을 개시하면서 카메룬 인민해방군(Armée de libération nationale du Kamerun, A.L.N.K.)이 된다. 반란에 대한 진압

과정에서 UPC를 도와주었던 국민들이 다수 살해됐다.

  소요 사태는 1957년 3월까지 계속되었고 1958년 9월 은요베가 암살되면서 UPC의 항거는 한풀 꺾이게 된다. 그러나 그후로도 UPC의 항거는 독립 이후인 1961년까지 계속되었고, 이 기간 동안 수만 명이 사망했다. 1960년 11월 이인자였던 펠릭스 무미에 마저 암살되면서 UPC는 급격히 약화된다. 2년 간격으로 은요베와 무미에가 암살된 후 프랑스-카메룬 정부는 1960년대 내내 반군에 대한 공세를 계속했고, 이 기간 동안 바밀레케 지역이 막대한 피해를 입었다. 1950년대 말에는 일시적인 것으로 생각되었던 반체제 전쟁은 일반화되고 제도화되었으며 일상화되었다. 1955년에서 1964년까지 지속된 UPC의 무장항거는 초기에는 독립전쟁의 형태였지만 카메룬이 독립한 이후에는 내전의 양상을 띠게 된다. 이러한 UPC의 무장 항거는 카메룬 전쟁 또는 바밀레케 전쟁이라고 불리지만 동시대에 세계적인 관심을 끌었던 알제리 전쟁에 묻혀 상대적으로 잊혀진 전쟁이 된다. 한편 이 시기에 도시지역에서는 카메룬의 독립에 대한 움직임이 진행되게 된다.

데페르 기본법과 카메룬의 독립

  1956년 6월 23일 프랑스 국회는 새로운 법률 개혁안을 통과시켰다. 흔히 제안자인 가스통 데페르(Gaston Defferre)의 이름을 따서 '데페르 기본법'으로 불린다. 데페르 기본법은 각 해외영토에 의회정부를 구성하고, 의회정부가 해당 지역에 대해 자율적인 권한을 갖도록 하는 내용을 담고 있었다. 의회정부의 수립은 복수 선거인단 제도를 폐지하고 보통선거에 의해 이루어진다. 이는 식민지 독립운동의 압력을 받은 프랑스 정부가 식민지 국민들에 의해 선출된 의회정부로 실질적인 권력을 이양하는 것을 의미한다. 또한 그때까지 프랑스의 부속 영토였던 식민지의 지위를 프랑스연합(French Union) 회원국으로 전환시키는 것이었다. 프랑스연합은 영연방에 맞서는 프랑스공동체 창설의 첫걸음이 된다.

이러한 데페르 기본법의 시행은 프랑스와 해외 식민지들과의 관계에 결정적인 전환점이 되었고, 대부분의 프랑스 아프리카 식민지는 1957년 3월 31일 데페르 기본법에 따라 선거를 치렀다. UN의 신탁통치 지역이었던 카메룬은 다른 아프리카 지역과는 달리 1956년 12월 23일 카메룬 최초의 보통선거를 실시했다. 선거 결과에 따라 프랑스 카메룬의회가 구성되었고, 주민들은 프랑스 카메룬의 시민이 되었다. 선거에서 승리한 앙드레 마리 음비다(Andre-Marie M'Bida)가 최초의 카메룬 자치정부를 수립하게 된다. 그는 1957년 5월 12일, 의회에서의 투표를 통해 초대 정부수반으로 임명되었다.

음비다는 집권하게 되자 카메룬의 완전 독립과 유엔 가입을 주

[앙드레 마리 음비다]

장했다. 그는 프랑스와 대등하게 대화하기를 원했고, 프랑스인들에 의한 흑인 차별의 종식과 프랑스인들이 지배하던 카톨릭계에 카메룬인 사제 지정을 요구하는 등 반프랑스 정책을 추구해 나갔다. 또한 장기적인 카메룬 엘리트 양성 프로젝트 제안 등의 자주적인 행보로 인해 프랑스의 우려와 반감을 사게 된다. 결국 프랑스는 친프랑스계인 아마두 아히조(Ahmadou Ahidjo)와 결탁하여 음비다를 권좌에서 내려오게 한다.

아마두 아히조의 등장

프랑스에서 교육을 받은 카메룬 북부 풀라니족 출신인 아마두 아히조(Ahmadou Ahidjo)는 카메룬연합(Union Camerounaise)을 결성하여 친프랑스 운동의 선두에 서있던 정치 관료였다. 아히조는 카메룬연합을 은비다의 정부 연합에서 탈퇴시켰고, 아히조의 영향력 아래 있던 독립농민 의회그룹도 정부 연합에서 탈퇴했다. 프랑스는 아히조를 적극적으로 지지하면서 음비다 정부에 대한 불신임 투표를 선동했다.

아히조는 북부의 교회와 이슬람 귀족들을 끌어들이면서 UPC의 득세를 우려하는 보수 세력들을 통합하는 데 성공했다. 총리로 재직하는 동안 그는 카메룬의 분리된 파벌을 재결합하고 프랑스 식민세력과 협력하면서 카메룬의 독립을 향해 나아가겠다는 목표를 가지고 있었다. 1958년 6월 의회의 동의하에 아히조는 파리에서 프랑스와 협상에 임하게 되었고, 그 결과 카메룬의 독립 계획이 공식적으로 확정되었다. 카메룬의회는 프랑스 신탁통치의 종료와 카메룬의 독립을 1960년 1월 1일로 결정했다.

　1958년 10월 24일 프랑스 카메룬의회는 카메룬의 완전한 독립을 요구하는 카메룬 국민의 요구를 선언했다. 프랑스 카메룬의회는 프랑스에게 자신들의 결의 내용을 유엔 총회에 통보할 것과, 카메룬의 독립과 함께 신탁통치 협정을 폐기할 것을 요구했다.

[아마두 아히조]

더이상 카메룬에 대한 통제권을 유지할 수 없다고 생각한 프랑스 정부는 1958년 11월 12일 카메룬인들의 희망을 유엔에 전달했다. 1958년 12월 15일 유엔 총회는 프랑스 카메룬이 1960년 1월 1일 독립하고, 신탁통치를 종식할 것을 결의했다(결의안 1282조). 1959년 3월 13일, 유엔 총회는 1960년 1월 1일 카메룬에 대한 유엔의 신탁통치가 종료되고 카메룬이 독립하게 된다는 것을 공식 선언했다.

　데페르 기본법으로 촉발된 카메룬의 새로운 상황은 정치세력의 양극화를 초래했다. 여러 세력으로 나누어져 있던 좌익 자유주의자들[18]은 완전한 통일과 신속한 독립, 그리고 완전한 탈식민화를 요구했다. 그들은 폭력의 사용은 반대하였지만, 민족주의 운동과 약간의 연대를 가지고 있었다. 온건 보수주의자[19]들은

---

18) 샤를르 오칼라(Charles Okala)의 카메룬사회연맹(Union sociale camerounaise), 소포-프리소(Soppo-Priso)의 국민행동운동(Mouvement d'action nationale) 등

점진적인 독립과 프랑스 영향력의 유지, 통제된 통일, 전통적 명사들의 특권 보존을 원했다. 결국 1958년, 프랑스의 지원을 받은 아히조(Ahidjo)가 총리에 취임하게 된다. 이것은 온건 보수주의자들의 승리를 의미하며 이러한 상태에서 카메룬의 독립이 이루어진다. 1960년 1월 1일 카메룬이 독립하고 그해 5월 대통령 선거를 통해 아히조가 카메룬 공화국의 대통령으로 당선되었다.

---

19) 아히조의 카메룬연맹, 음비다의 카메룬민주당도 넓은 의미의 온건 보수주의에 속한다.

3장 독립 이후의 카메룬

1. 카메룬 연방공화국

[독립 당시의 카메룬(1961.1.1.)]

1) 남부 카메룬과의 연방

프랑스령 카메룬은 1960년 1월 1일 카메룬 공화국으로 독립하게 된다. 프랑스 식민지 중, 기니 이후로 사하라 사막 이남 아프리카에서 독립을 쟁취한 두 번째 국가였다. 그러나 프랑스령 카메룬 지역이 카메룬 공화국으로 독립하게 되자, 영국령 카메룬은 애매한 상황에서 자신들의 거취를 결정해야만 했다. 같은 카메룬이었지만 오랜 시간 동안 영국과 프랑스의 식민지로 떨어져 있다 보니 생활의 기반 자체가 영어권과 프랑스어권으로 분리되었고, 무엇보다 영어권의 기반인 나이지리아는 아직 독립하지 못하고 있었던 상태였기 때문이다.[20] 영국령 카메룬은 나이지리아에 합병할 것인지 카메룬 공화국으로 복귀할 것인지에 대해 의견이 갈리게 되면서 두 세력으로 나뉘게 된다. 영국령 카메룬의 2/3를 차지하는 영국령 카메룬의 북부지역은 대부분 이슬람 신자들로 구성되어 있었고, 영국령 카메룬의 남부지역은 대부분 기독교도였다. 결국 1961년 2월 12일 국민투표를 하여 영국령 카메룬의 거취를 결정하기로 한다. 선거 결과 영국령 북부 카메룬과 남부 카메룬은 뚜렷하게 상반된 결과를 보여주었다. 북부 카메룬은 압도적으로 나이지리아로 통합되기를 원했고, 민족주의자가 많은 남부 카메룬은 카메룬으로 남기를 원했다. 결국 영국령 카메룬은 둘로 나누어져서 북부는 나이지리아의 일부가 되기로 하였고, 반면에 남부는 카메룬 공화국과의 연방을 구성하기로 한다. 이 두 지역은 과거에 독일의 동일한 식민지 지역이었기 때문에 때때로 '통일'이라고 불리기도 한다.

두 지역의 연방 논의가 시작되면서 과거 영국령 카메룬 시절에 남부 카메룬이라 불렸던 지역은 이제 서카메룬으로 불리게 된다. 1961년 7월 16일부터 21일까지 연방의 조건을 협상하기 위해 품반에서 회의가 열렸다. 카메룬 국민민주당 지도자 존 응우 퐁

---

[20] 나이지리아는 1961년 10월 1일에 독립한다.

샤와 남부 카메룬 선출 정부가 서카메룬을 대표하고 아히조가 카메룬 공화국을 대표했다. 두 사람은 독립 이전부터 독립 이후의 영어권 카메룬과 불어권 카메룬의 거취에 대해서 논의해왔었다. 아히조는 영국령 카메룬과의 완전한 통일을 강하게 주장하고 있었고, 풍샤는 느슨하게 묶인 연방을 주장해 왔었다. 오랫동안 합의를 보지 못했던 두 세력이 급하게 연방제에 합의한 것은 북부 카메룬의 나이지리아 편입의 영향이 컸다.

[존 은우 풍샤]

[카메룬공화국과 서카메룬(1961.6.1.-1961.10.1.)]

/ 카메룬의 역사 / 103

품반 회의에서 도달한 합의를 기반으로 새로운 헌법을 채택하게 되었는데, 새 헌법은 그해 제정된 카메룬 공화국 헌법을 기반으로 하면서 전 영국령 남부 카메룬의 특정 문제와 절차적 권리에 대한 관할권을 부여하는 내용이 추가된 것이었다. 새 헌법에 따라 부에아(Buéa)가 서카메룬의 수도가 되었고, 야운데는 연방 수도이자 동시에 동카메룬의 수도가 되었다. 품반 회의는 협상의 당사자들 어느 쪽도 완전히 만족하지 못하는 결과를 가져왔는데, 아히조는 단일 국가 또는 더 중앙 집중화된 국가를 원했고 서카메룬 사람들은 더 명백한 보호를 원했기 때문이다. 1961년 8월 14일 연방 헌법이 최종 채택되었다. 아히조가 카메룬 연방공화

[카메룬연방공화국(1961.10.1.~1972.6.2.)]

국의 대통령이 되었고, 존 풍샤는 서카메룬의 총리이자 카메룬 연방공화국의 부통령이 되었다. 연방공화국의 탄생에도 불구하고 카메룬은 영토의 관리 문제를 비롯하여 많은 갈등 요소를 내포하고 있었다. 영어권과 프랑스어권의 정체성에서부터 기인한 많은 문제들은 오랜 시간이 지나도 해결의 실마리를 찾지 못했다. 카메룬 연방공화국은 1972년 5월 20일 국민투표에 의해 카메룬의 통일이 이루어질 때까지 서카메룬과 동카메룬의 불안한 동거가 지속되었다. 통일 이후에도 영어권인 서카메룬의 갈등은 지속되어 2018년 암바조니아 독립전쟁으로 이어지게 된다.

2) 내전과 권력의 강화

1960년 독립 이후에도 UPC를 비롯한 카메룬 민족주의자들은 경제적, 정치적으로 프랑스의 지속적인 영향력 아래 있는 아히조의 정책에 반기를 들었다. 이들은 프랑스와의 완전한 단절을 요구하면서 독립 이전부터 해왔던 무장 투쟁을 지속하게 된다. 세력이 약화된 UPC는 산림지역으로 숨어들어 게릴라전을 펼쳤고 시간이 지날수록 과격한 양상을 띠게 된다. 아히조는 반란군을 진압하기 위해 프랑스의 지원을 지속적으로 요청했고, 카메룬 정부군과 프랑스군은 연합하여 반군 진압에 나섰다. 바밀레케 지역을 중심으로 수많은 전투가 벌어졌고 민간인들을 포함하여 수많은 사망자가 발생했다.[21] 훗날 카메룬 전쟁 또는 바밀레케 전쟁으로 불리게

---

[21] 학자들은 카메룬 내전에서 만 명에서 2만 명 사이의 사람들이 사망한 것으로 평가한다.

된 이 내전은 1970년 말, UPC의 마지막 지도자인 에르네스트 우앙디에(Ernest Ouandié)가 체포되어 처형되면서 종식되게 된다.

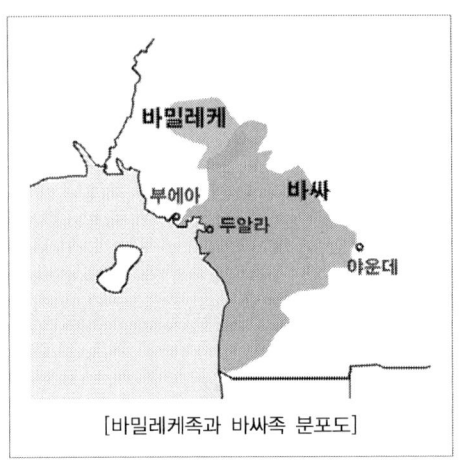

[바밀레케족과 바싸족 분포도]

카메룬 전쟁은 수많은 사망자들을 양산한 비극이었지만, 한편으로는 아히조의 권력을 강화시키는 명분이 되었다. 아히조는 국가 비상사태를 선포하고, 전쟁으로 인해 부여된 비상사태 기간의 막강한 대통령의 지위를 이용하여 자신의 권력을 중앙집중화했다. 그는 경찰 구금의 자의적 연장, 회의 및 집회 금지, 출판물에 대한 사전 검열, 통행금지와 이동의 자유 제한, 노동조합 금지 등의 조치를 통해 고도로 중앙 집중화되고 권위주의적인 정부를 만들었다. 정부에 대한 비난은 흔히 '공공 안전의 침해'죄로 기소되어 재판을 받았으며 판결에 항소할 수 없었다. 수많은 종신형과 사형 선고가 내려졌고, 사형 집행은 종종 공개되었다.

1962년 3월 12일, 아히조는 자신의 정권에 대한 비판을 금지하는 법령을 발표했다. 이 법령은 자신에게 불만을 가진 세력을 정부나 법률에 대한 전복 혐의로 투옥할 수 있는 권한을 정부에 부여하는 것이었다. 1962년 7월, 야당 지도자들은 독재에 항거하면서 저항했다. 그러나 강성 야당 지도자들이 국가전복을 이유로 체포되고 투옥되자 대다수의 다른 야당 지도자들은 아히조의 편에 서게 된다. 1966년 9월 1일 아히조는 일당제 국가를 만들겠다는 목표를 달성했다. 그는 자신이 이끌던 카메룬연합(Union camerounaise, UC)을 카메룬국민연합(Union nationale camerounaise, UNC)으로 개칭했는데, 사실상 유일한 정당이었다. 국회의원에 선출되기 위해서는 카메룬국민연합의 당원이 되어야 했다. 아히조는 당수로서 국회의 모든 지명권을 가졌고, 국회에서의 모든 입법은 그의 승인을 거쳐야 했다.

2. 통일 카메룬 공화국

아히조는 카메룬의 저개발과 부실한 도시 개발 및 공공 정책이 카메룬의 연방 구조에서 기인하는 것이라 비난하면서 카메룬 통일에 대한 의지를 내보였다. 그는 카메룬의 영어권과 프랑스어권 사이의 분열과 갈등이 연방주의 때문이라 역설하면서 국민투표를 통한 단일 국가의 수립을 제안했다. 1972년 5월 20일 국민투표를 거쳐 카메룬 연방이 폐지되고 통일 카메룬 공화국이 들어서게 된다. 연방이 폐지된 후 영어권 주민들은 이러한 변화에 강한 불만을 표시했고, 오래된 프랑스어권과 영어권 사이의 긴장을 다시 살리는 원인이 됐다. 1972년까지 카메룬 연방의 영어권은 상대적으로 자율적으로 운영되었는데, 통일이 되자 영어권과 프랑스어권의 동등한 통합이 아니라 수적으로 우세한 프랑스어권으로의 영어권의 일방적 동화의 분위기가 강요되었기 때문이다.

[카메룬공화국(1972.6.2.~)]

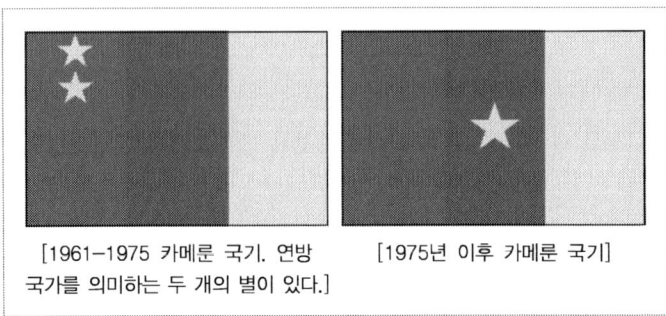
[1961-1975 카메룬 국기. 연방 국가를 의미하는 두 개의 별이 있다.]   [1975년 이후 카메룬 국기]

아히조의 통치는 분명히 독재적이었지만, 다른 많은 아프리카 지도자들과 비교할 때 카리스마가 부족한 편이었다. 그는 당시 다수의 아프리카 국가들이 추종하던 반(反)서구 정책을 따르지 않았는데, 이러한 아히조의 노선 채택은 상대적으로 카메룬의 정치 안정과 경제 성장에 도움을 주었다. 아히조의 측근들은 그를 '국가의 아버지'로 승격시키는데 열을 올렸다. 카메룬은 1977년에 산유국이 되었다. 그러나 석유 생산에 의한 수입의 많은 부분이 아히조가 자금을 통제하면서 불투명하게 운영되었고, 소수의 권력자들의 이익으로 돌아갔다. 아히조의 측근들은 충성의 대가로 면허관리권, 수의계약 및 프로젝트 수주의 혜택을 받았다. 프랑스와 프랑스인들의 영향력은 여전히 지대했다. 1980년대 초에 이르러서도 프랑스인들은 독립 이전과 마찬가지로 경제의 거의 모든 주요 부문을 계속 지배했다.[22]

아히조는 건강상의 이유로 1982년 11월 4일 사임했다. 대통령의 자리는 남부의 베티-파후인(Beti-Pahuin)족 출신의 총리였던 폴 비야(Paul Biya)가 승계받았다. 아히조가 자신처럼 북쪽 출신의 무슬림이 아니라 남부 출신의 기독교인 비야에게 권력을 물려준 것은 예상하지 못했던 일이었다. 아히조의 의도는 비야를 대리인으로 내세워 막후에서 실권을 휘두르고자 했다는 것이 중론이다. 그는 여당인 카메룬국민연합(CNU)의 당대표직은 계속 유지했다.

---

22) 프랑스인들은 카메룬 경제의 55%를 차지하고 있었으며 은행 시스템을 완전히 장악하고 있었다.

그러나 아히조와 비야 행정부의 동거는 오래가지 못했다. 아히조와 비야 사이에 불화가 발생하면서 1983년 7월 아히조는 프랑스로 망명하게 된다. 비야는 아히조의 지지자들을 권력의 위치에서 제거하고 그의 권위의 상징물들을 제거하기 시작했다. 아히조는 파리에

[아마두 아히조]

서 비야를 강하게 비난했지만 결국 1983년 8월 카메룬국민연합의 대표직을 사임하게 된다. 1984년 4월 아히조의 지지자들이 아히조를 다시 권좌에 올리기 위해 쿠데타를 시도했지만 실패로 끝나게 되면서 아히조의 시대는 막을 내리게 된다.

[1962년 3월 아히조의 미국 방문]

[1979년 7월 아히조의 네덜란드 방문]

[1982년 7월 아히조의 미국 방문]

3. 폴 비야 시대

1982년 대통령직을 승계받은 폴 비야는 남부의 베티-파후(Beti-Pahuin)족 출신 기독교도였다. 그는 아히조 내각 시절 두

각을 나타내 1972년 카메룬 통일 후 총리가 되었고, 1979년 6월 아히조의 권력 강화과정에서 제정된 새로운 헌법에 의해 대통령의 후계자로 지정되었다.

[폴 비야]

비야는 집권 당시 청렴한 공무원의 이미지를 가지고 있었고, 집권 초기에 카메룬의 고질적 병폐들을 해소하기 위한 혁신적인 정책들을 제안했기 때문에 아히조의 통치에 지친 국민들의 열렬한 지지를 받았다. 대통령직 승계 후 잠시 전임 대통령 아히조에 대한 충성심을 보였던 비야는 바로 아히조 제거 작업에 돌입했고, 아히조 제거에 성공한 비야는 1984년 1월 14일 실시한 조기 대통령 선거에서 단일 후보로 출마해 압도적인 지지로 당선됨으로써 (99% 찬성) 합법적 대통령으로서의 자신의 위치를 굳히게 된다.

그의 집권 첫해 동안 많은 개혁의 징후가 있었다. 1983년 봄, 그는 국민들과 가까워지기 위해 전국 순회 여행을 떠났고, 11월에는 복수의 대통령 입후보가 가능한 헌법 개정안을 통과시켰다. 그리고 아히조 집권기간 동안 구금되었던 정치범들도 석방했다. 비야는 당시 국가 경제를 잠식하고 있던 부패와 부실 관리에 대해 명확한 문제의식을 보여주었다. 이러한 변화에 대한 그의 노력은 국민들의 열광적인 지지를 얻었고, 바야흐로 카메룬의 봄이 오는 듯했다.

그러나 1986년 말 국제정세의 변화로 인해 카메룬이 전례 없는 심각한 경제 위기에 빠지게 되자 상황은 급격히 악화된다. 비야 정부는 집권 초기부터 방만한 국가경영을 함으로써 경제 위기를 더욱 심화시켰다. 80년대 후반부터 시작된 국가 원자재 가격의 하락으로 석유, 코코아, 커피 등 주로 원자재 수출에 의존하고 있던 카메룬 경제는 심각한 타격을 받게 된다. 1986년에서 1993년 사이에 1인당 소득은 약 50% 감소했고, 실업률은 7.3%에서 24.6%로 증가하게 되었다. 심각한 경제적·사회적 위기 상황에서 정부에 대한 불만은 더욱 커졌고, 비야 정권은 아히조 시대의 독재 정권으로 회귀하게 된다. 비야는 자신에게 대항하는 세력에 대한 군사적 탄압을 강화했고, 그 과정에서 많은 희생과 인권유린 문제가 발생하게 된다.

비야는 아히조 퇴임 이후 카메룬국민연맹(CNU) 대표직에 취임하였고, 1985년 집권당이자 유일 정당인 CNU가 카메룬국민민주운동(Rassemblement démocratique du peuple camerounais, RDPC)으로 변경된 후에도 당대표직에 계속 선출되어 아히조가 의회를 장악하여 영향력을 행사하던 방식을 그대로 계승했다.

1990년대 들어 국내외 반발에 직면한 비야는 정치적 개방을 위해 몇 가지 조치를 취했으며 1990년에 야당을 합법화했다. 그는 1992년 10월 처음으로 다당제 제도하에 실시된 대통령 선거에서 약 40%의 득표율로 승리했다. 그 후 비야는 대통령 선거 때마다 부정선거 논란이 끊이지 않기는 했지만 계속해서 연임에 성공해서 2022년 현재 그는 1975년 6월 30일 이후 집권한 비왕

실 국가 원수 중 최장수 재임 기간을 기록하고 있다. 비야의 재임 기간 주기적으로 반정부 폭동과 가혹한 진압이 이어졌지만, 그는 계속 권력을 유지해 왔다.

그는 공개적으로 자신을 거의 드러내지 않았고, 아프리카연합(AU) 정상회의 같은 국제회의에도 거의 참여하지 않았다. 반면에 자신의 정권을 유지하기 위해 비야 정권은 경찰과 군대에 의존했다. 경찰과 군대는 폭력으로 거의 모든 시위 시도를 저지했다. 비야의 통치 기간 공무원의 급여는 60% 삭감되었고 민간경제는 파탄에 빠지게 되었다. 비야의 출신 민족인 베티족과 50년대부터 탄압을 받았던 바밀레케족, 그리고 아히조의 근거지였던 북부의 풀라족 간의 대립과 갈등도 더욱 심해졌다. 행정부 고위 관리들의 횡령과 범죄행위 가담 등 정권의 부패도 심화되었다.

1990년대 들어 비야는 정치적 환경을 개방하기 위해 약간의 노력을 기울였지만, 그의 정권은 여전히 권위주의적 특성을 유지했다. 1990년대 이후 아프리카의 여러 국가에서 찾아볼 수 있었던 민주화 열풍과도 거리가 있었다. 여전히 비야는 헌법에 따라 포괄적인 행정 및 입법 권한을 가졌고, 사법부에 대해서도 상당한 권한을 가지고 있었다. 법원은 그의 요청이 있을 때만 법률의 합헌성을 검토할 수 있었으며, 여당인 카메룬국민민주운동은 국회를 계속 지배했다.

카메룬 나이지리아 영토분쟁

2006년 6월 12일, 비야는 나이지리아의 대통령 올루세군 오바산조(Olusegun Obasanjo)와 그린트리(Greentree) 협정에 서명함으로써 공식적으로 바카시(Bakassi) 반도의 국경분쟁을 종식시켰다.

기니만의 나이지리아와 카메룬 국경 지대에 위치한 바카시 반도는 나이지리아가 1960년 영국 식민지에서 벗어나면서 영토로 선언했다. 그러나 이후 카메룬이 영유권을 주장하면서 분쟁이 일어났다. 영국과 프랑스가 서아프리카 식민지를 분할할 때 국경을 해안선까지 연장하지 않았기 때문이었다. 1,000 Km^2 넓이의 바카시 반도는 석유와 가스 등 천연자원이 풍부했기 때문에 두 나라는 한 치의 양보 없는 신경전을 벌였다.

카메룬은 1994년 나이지리아가 이곳에 병력을 배치하면서 무력 충돌로 34명이 희생되자 국제사법재판소(ICJ)에 제소했다.

국제사법재판소는 영국과 독일이 1913년 체결한 조약을 근거로 2002년 카메룬의 손을 들어줬다. 이어 2006년 코피 아난 전 유엔 사무총장의 중재로 나이지리아와 카메룬은 그린트리 협정을 체결했고, 이에 따라 나이지리아군이 철수했다. 하지만 바카시 반도 주민의 90%를 차지하는 나이지리아인들의 거센 반발로 이양 과정은 순탄치 않았다. 이들은 반환 결정이 헌법 위반이라며 제소했다. 2007년 11월에는 카메룬 정부군 병사 21명이 괴한의 습격으로 사망하는 사건이 벌어지기도 했다. 그러나 우마루 야라두아 나이지리아 대통령은 약속 이행을 거듭 밝혔다.

  2008년 8월 14일, 나이지리아는 바카시 지방정부의 본부인 아바나에서 바카시 반도를 카메룬에 공식 이양했다. 이양식에는 유엔 관계자도 참석했다. 1981년과 1994년 이후 세 차례에 걸쳐 전쟁 직전까지 치달았던 두 나라의 영토분쟁은 이로써 27년 만에 막을 내렸다. 반기문 유엔 사무총장은 "국경분쟁을 협상을 통해 해결한 기념비적인 사건"이라고 환영했다. 이후 바카시 반도 지역에서는 나이지리아 출신 무장단체로 의심되는 테러단체에 의해 간간히 테러가 벌어지기는 했으나 카메룬과 나이지리아 간의 영토분쟁으로 확대되지는 않았다.

  2014년 카메룬 군대가 북부지방의 나이지리아와의 국경지대에 주둔하였지만, 나이지리아와의 갈등 때문이 아니라 이슬람 테러조직인 보코 하람(Boko Haram)의 준동 때문이었다. 2014년 5월 치복(Chibok)에서 벌어진 여학생 납치 사건을 계기로 비야는 차드의 이드리스 데비(Idriss Déby) 대통령과 같이 보코 하람과의 전쟁을 선포하고 나이지리아 국경지대에 군대를 배치했다.

암바조니아 독립전쟁

[암바조니아]

암바조니아(Ambazonia)는 과거 영국의 식민지였다가 카메룬에 통합된 영어권 카메룬 지역의 현지 명칭이다. 암바조니아라는 이름은 암바스만(Ambas Bay)과 우리 강 하구의 현지 명칭인 암보즈(Ambozes)의 조합에서 만들어졌다. 암바스 만 지역은 1858년 선교사 알프레드 세이커(Alfred Saker)가 해방 노예들의 정착지를 세우면서 남부 카메룬에서 처음으로 영어가 통용된 곳이었다. 시간이 흐르면서 이 지역은 영어권 카메룬 지역의 상징이 되었다.

1961년 카메룬의 독립 이후에도 이 지역의 분리주의자들은 암바조니아라는 명칭을 사용하며 완전한 분리 독립을 주장했었다. 그러나 국제사회에서 인정받지 못한 영어권 카메룬은 카메룬연방공화국을 거쳐 1972년 카메룬공화국으로 통합되었다. 통합의 과정은 프랑스어권 카메룬에게는 통일국가의 완성이었지만, 영어권 카메룬 국민들에게는 프랑스어권 카메룬의 일방적인 침탈로 받아들여졌다. 영어권 카메룬의 지도자들은 영어권 카메룬에 대한 정치적 배제, 경제적 착취, 프랑스어권으로의 일방적인 문화적 동화라 주장하며 공개적으로 비난했다. 프랑스어권이 지배하는 중앙정부의 권한은 영어권 카메룬의 자치권을 축소시키면서 확장되었고 영어권 주민들은 영어권에 대한 차별에 분개했다.

1980년대 중반부터 영어권 카메룬 엘리트와 불어권이 지배하는 중앙정부 사이의 단절이 심화되면서 여러 번의 시위와 분리독립 선언이 있었지만, 그때마다 카메룬 정부는 무력으로 진압했다. 영어권 카메룬에는 다양한 독립 파벌과 연방 파벌이 조직되게 되었고, 그들은 연합하여 남부 카메룬 국가위원회(Southern Cameroons National Council)를 구성했다. 2001년 비야 정부는 남부 카메룬 국가위원회를 불법으로 선언하고 강하게 탄압했다. 시위 과정에서 경찰과의 충돌로 다수의 사망자가 발생하기도 하였다.

2016년과 2017년에는 광범위한 시위가 벌어져 정부군과 대결하는 폭력적인 폭동이 발생했다. 폭동은 게릴라 전쟁으로 발전

했으며, 2017년 10월 1일 분리주의 운동 단체인 남카메룬 암바조니아 협력 연합전선(Southern Cameroons Ambazonia Consortium United Front, SCACUF)이 부에아를 수도로 하는 암바조니아 연방공화국의 독립을 일방적으로 선언했다. 분리주의 민병대는 인구 밀집 지역과 정부가 통제하는 전략적 위치를 장악하면서 게릴라 공격을 하였고, 정부군은 무차별적인 진압으로 맞섰다. 2022년 현재까지 영어권 카메룬 지역에서의 충돌은 계속되고 있다. 계속되는 폭력으로 인해 민간인에 대한 무차별적인 살해, 고문, 강간 및 젠더 기반 범죄, 구금 및 납치 등 양측의 인권 침해가 광범위하게 보고되었다.

카메룬 연보

BC 10세기	구석기 시대부터 카메룬 지역에 인류 거주
8세기~ 9세기	차드호 인근에서 사오족 거주 시작, 사오 문명을 이룸
9세기~	유목민 카넴부족(Kanembu)이 카넴 왕국 세움. 15세기에 카넴 왕국과 보르누 왕국의 연합으로 카넴-보르누 왕국 탄생
11세기~12세기	니제르 분지에서 온 무슬림 풀라니족이 카메룬으로 이주하기 시작. 풀라니족의 이주는 19세기까지 계속됨
14세기~15세기	품반(Foumban) 왕국 시작
15세기	코토코 왕국 등장 만다라 왕국 등장
16세기 말	바뭄 왕국 등장
1472년	포르투갈의 페르낭 고메즈(Fernan Gomez), 페르난도 포(Fernando Po) 섬에 상륙
1472년~1520년	포르투갈 상토메 섬과 페르난도 포 섬을 식민지화하기 시작. 설탕 농장을 만들고 노예무역을 시작함
1520년~1600년	포르투갈, 스페인, 영국, 프랑스, 네덜란드 상인들이 서아프리카 해안을 항해하면서 카메룬 해안 원주민들과 유럽 상인 간의 교역이 활발히 진행됨
1640년	포르투갈 상인들 두알라에 교역소를 세움. 포르투갈인들은 지역 부족들과 조약을 맺지는 않음
1642년	네덜란드 상토메 섬 점령, '새우의 강' 하구에 무역거래소 설치. 이후 네덜란드가 포르투갈로부터 노예무역 인수
17세기	프랑스, 영국, 스웨덴, 덴마크, 브란덴부르크 등 유럽의 많은 나라와 도시가 카메룬 지역과 활발히 교역
1797년	독일 탐험가들 카메룬 탐험 시작
1827년	영국, 페르난도 포 섬 군대를 주둔
1842년	영국 영사는 카메룬 강 지역의 두 명의 원주민 부족장들과 협정 체결
1844년	런던의 영국 침례교선교학회에 의해 기독교 포교 시작

1849년~1855	독일의 탐험가 하인리히 바르트(Heinrich Barth) 북부 카메룬을 방문, 카노(Kano) 왕국과 소코토(Sokoto) 왕국 접촉
1860년	영국의 알프레드 세이커(Alfred Saker) 카메룬 최초의 학교를 세움
1861년	독일의 탐험가 구스타프 나치갈 차드에 도착
1868년	독일의 상인 뵈에르만(Woermann) 두알라(Douala) 근처에 독일 해외상관 설립
1879년	독일의 탐험가 플로겔(Flogel) 베누에(Bénoué)에 도착
1884년 7월	독일의 나치갈, 두알라의 벨왕과 보호조약 체결. 이후 나치갈은 카메룬 해안 부족들과 잇달아 보호조약 체결, 카메룬이 독일의 보호령이 됨. 프랑스, 영국, 독일은 차드 호수 지역의 통제권을 놓고 경쟁
1884년 11월	베를린 회의에서 프랑스와 영국은 카메룬에 대한 독일의 소유권을 인정
1885년 5월 19일	독일 수상 비스마르크 카메룬과 토고랜드에 대한 독점적 권한 선언
1902년	카메룬에서 노예매매 폐지
1911년	프랑스가 페즈 조약에 의해 카메룬 동, 남부의 프랑스 적도아프리카 일부 영토를 독일에 할양 (뉴카메룬 Neukamerun)
1914년 7월	1차 세계대전 발발 프랑스와 영국 연합군 카메룬 독일 공격
1914년 9월	프랑스 영국 연합군 두알라 점령
1916년 2월	독일 카메룬에서 완전 퇴각
1919년	베르사이유 조약에서 독일 아프리카 식민지들에 대한 완전한 포기를 선언
1922년	국제연맹 카메룬에 대한 프랑스와 영국의 통치권을 공식적으로 인정 영국과 프랑스 카메룬을 분할. 영토 비율은 프랑스령 80%, 영국령 20%. 인구 비율은 서로 비슷함. 영국령 카메룬은 북부 카메룬과 남부 카메룬으로 나눔

1923년	프랑스 불어 교육 의무화 실시 음볼예 대성당 공사 착공
1924년 3월	가봉으로 가던 슈바이처(Schweitzer) 카메룬 경유
1931년	바뭄 왕국 왕 은조야 야운데로 강제 이주
1938년	프랑스 카메룬청년협회(Jeunesse camerounaise française) 창설
1939년 9월 1일	2차 세계대전 발발
1940년 6월 22일	파리 함락
1940년 8월 26일	르클레르(Leclerc) 대령 두알라 상륙 카메룬 자유프랑스에 합류
1940년 10월 8일	드골 두알라 방문
1944년 1월 30~ 2월 8일	프랑스 식민지 통치자들이 브라자빌에서 회의 개최 (브라자빌 회의)
1944년	카메룬전국노동연합(Union des syndicats confédérés du Cameroun, U.S.C.C.) 창설
1945년	국제연합 카메룬을 신탁통치국으로 지정 영국과 프랑스의 신탁통치 시작
1948년	루벤 움 은요베, 카메룬 인민연맹(Union des populations du Cameroun, UPC) 창설
1952년	펠릭스 무미에 UPC 의장이 됨
1952년~1954년	루벤 움 은요베, 3번의 유엔본부 연설을 통해 카메룬의 통일과 독립에 대한 당위성 주장
1954년 말~	프랑스 식민정부 UPC를 공산주의 단체로 규정
1955년 4월 22일	UPC 카메룬의 '즉각적인 독립'을 요구하는 선언문 발표
1955년 5월 15일	중부의 멍고(Mungo) 지역에서 폭동 발생, 남부 전역으로 확산
1956년 6월 23일	데페르 기본법 프랑스 국회 통과
1956년 12월	UPC 무장 투쟁 선언
1956년 12월 18일	UPC 바싸족(Bassa)이 주동이 된 폭동 주도
1956년 12월 23일	카메룬 최초의 보통선거 실시 선거에서 승리한 앙드레 마리 음비다(Andre-Marie M'Bida)가 최초의 카메룬 자치정부를 수립

1957년 5월 12일	의회 선거에 의해 앙드레 마리 음비다 카메룬 초대 대통령이 됨
1958년 6월	국회의 동의로 아히조 파리에서 프랑스와 독립 협상
1958년 7월 12일	아히조, 풀라니족과 무슬림 출신 의원들을 기반으로 하는 카메룬연맹(Union Camerounaise, UC) 창설
1958년 9월	은요베 암살
1958년 10월 24일	프랑스 카메룬의회 카메룬의 완전한 독립 요구
1958년 12월 15일	유엔 총회 카메룬에 대한 신탁통치를 끝내고, 1960년 1월 1일 독립할 것을 결의
1959년 3월 13일	유엔 총회 1960년 1월 1일 카메룬의 독립과 신탁통치 종료를 공식 선언
1959년 12월	독일 연방정부 야운데에 총영사관 개설
1960년 1월 1일	카메룬 독립
1960월 5월 5일	아히조 카메룬 공화국의 대통령으로 당선
1960년 9월 20일	카메룬 UN 가입
1960년 11월	펠릭스 무미에 암살
1961년 2월 11일	국민투표에 의해 영국령 남부 카메룬과 카메룬 공화국이 연방을 구성, 카메룬 연방공화국이 됨
1962년 3월 13일	아마두 아히조 대통령 미국 방문, 존 F. 케네디와 회담
1963년 7월 20일	야운데에서 유럽경제공동체(CEE)와 아프리카 국가 18개국이 개발 협력 협약에 서명
1964년	브라자빌 조약에 따라 중앙아프리카 관세경제연합(UDEAC) 설립. 카메룬, 중앙아프리카 공화국, 차드, 콩고 공화국, 가봉이 회원국으로 가입
1966년 9월 1일	아히조 대통령 카메룬연맹(UC)과 주요 야당들을 통합하여 카메룬국민연맹(L'Union nationale camerounaise, UNC)을 창당. 카메룬은 단일 정당 국가가 됨
1968년 1월	폴 비야가 아히조 대통령의 비서실장으로 임명됨
1972년 5월 20일	카메룬 통일을 위한 국민투표 실시(99.97% 찬성) 통일 카메룬 공화국 탄생
1975년 7월 30일	폴 비야 총리 지명

1980년 4월 5일	아히조 대통령 재선
1982년 11월 4일	아히조 대통령 건강상 이유로 사임
1982년 11월 6일	폴 비야 대통령직 승계
1983년 8월 22일	폴 비야 대통령 전 대통령 아히조와 북부 출신 엘리트들이 연루된 국가전복 음모 적발 발표. 아히조, 비야 대통령이 쿠데타를 주도했다고 비난한 후 프랑스로 망명
1984년 4월 6일	이브라힘(Ibrahim) 대령의 친아히조 군사 쿠데타 실패
1986년 8월 21일	이산화탄소 배출로 은요(Nyos) 호수 주변에서 1,746명이 사망
1990년 12월 5일	다당제 보장법 가결 카메룬에서 다당 정치가 허용됨
1992년 10월 11일	비아가 39.9%의 득표율로 대통령에 당선. 부정선거 의혹으로 바멘다(Bamenda) 지역을 중심으로 한 시위와 폭력 사태가 전국적으로 벌어짐
1994년 1월	카메룬 북부의 코토코(Kotoko)족과 초아(Choa)계 아랍인 사이의 인종 분쟁 발생
1994년 2월	나이지리아와 카메룬 군대가 기니만의 바카시 반도 지역에서 충돌
1995년	카메룬 영연방 가입
1996년 2월 10일	사와(Sawa)족, 원주민 소외에 항의하기 위해 두알라에서 시위
1996년 5월 4일	나이지리아와 카메룬 군대가 바카시 지역에서 다시 충돌. 카메룬과 나이지리아는 바카사 반도에 대한 UN의 중재에 동의
1997년 10월 12일	야당이 보이콧한 대통령 선거에서 비야가 92%의 득표율로 재선
1998년	국제투명성기구(Transparency International) 카메룬을 세계에서 가장 부패한 국가로 분류
1999년 10월 22일	집권당 RDPC, 반부패 캠페인 시작
2001년 1월 17일	야운데에서 프랑스-아프리카 정상회담 개최
2001년 11월 6일	국가 거버넌스 프로그램(National Governance Program) 반부패 전략 발표

2002년 10월 10일	유엔의 국제사법재판소, 나이지리아와의 국경 분쟁에서 바카시 반도에 대한 카메룬의 소유권 인정. 나이지리아는 판결을 거부
2004년 10월 11일	폴 비야 7년 임기의 대통령에 재선(75%). 야당은 부정선거를 규탄
2004년	반부패 캠페인 새매 작전(Operation Epervier) 시작
2005년 10월 15일	나이지리아와 카메룬은 나이지리아의 바카시 반도 철수하는 일정에 대해 회담, 결론없이 결렬됨
2006년 8월 14일	나이지리아 바카시 반도에서 군대 철수. 바카시 반도에 대한 주권을 카메룬에 공식적으로 이양
2007년 1월 31일	중국의 후진타오 주석 카메룬에 도착하여 두 번째 아프리카 순방 시작. 후진타오 주석은 카메룬, 라이베리아, 수단, 잠비아, 나미비아, 남아프리카, 모잠비크, 세이셸을 순방. 다르푸르(Darfur) 문제 해결과 부채 구조조정 문제가 주요 의제로 다루어 짐
2007년 11월 12일	바카시 지역에서 정체불명의 무장단체에게 카메룬 군인 19명 피격 사망
2008년 2월 26일	연료비 인상에 대한 택시 기사들의 파업을 시작으로 광범위한 폭동 발생. 100명 이상의 사망자 발생
2008년 4월 10일	국회가 대통령 연임 제한을 없애는 헌법 초안 채택(찬성 157표, 반대 5표, 기권 15표). 야당 의원들은 항의하며 회의장에서 퇴장
2008년 7월 24일	바카시 반도에서 반군의 공격으로 반군 10명과 카메룬 군인 2명 사망
2008년 8월 14일	나이지리아는 바카시 반도에 대한 통제권을 카메룬에 넘김
2009년 3월 17일	교황 베네딕토 16세, 카메룬 방문
2011년 10월 2일	카메룬 경찰 영어권 카메룬의 독립을 요구하는 시위대 126명을 체포
2011년 10월 9일	폴 비야 78%의 득표율로 대통령에 재선 야당은 부정투표 주장
2011년	2011년 카메룬 인구조사 결과 총인구 약 1,940만 명

2012년 6월 28일	카메룬과 중국 고속도로를 건설을 위한 3억 6,800만 유로의 차관 계약 서명
2013년 11월 6일	카메룬 작가 레오노라 미아노(Leonora Miano) 프랑스의 페미나 문학상 수상
2014년 5월 16일	나이지리아 보코하람(Boko Haram) 반군이 카메룬 북부 와자 인근의 중국 작업장을 공격, 중국인 노동자 10여 명이 납치됨
2014년 5월	카메룬군 나이지리아 북부 국경에 약 1,000명의 병력을 배치하여 보코하람의 위협에 대응
2014년 7월 23일	카메룬, 차드, 니제르, 나이지리아는 보코하람에 대처하기 위해 합동군을 동원하기로 약속
2016년 10월	영어권 카메룬 변호사들이 국가의 주요 법률 텍스트의 영어 번역과 당국의 처우개선을 요구하며 시위
2016년 11월	영어권 지역에서 프랑스어 사용에 반대하는 폭력 시위 발생
2017년 7월 20일	국제앰네스티 2013년부터 2017년까지 카메룬에서의 인권 침해 사례 발표
2017년 10월 1일	영어권 지역의 독립을 요구하는 분리주의 세력 남카메룬 암바조니아 협력 연합전선(SCACUF) 암바조니아 독립 선언
2018년 1월	43,000명 이상의 카메룬인이 영어권 분리주의자에 대한 정부의 탄압을 피해 나이지리아로 피신
2018년 10월	10월 7일, 대통령 선거 실시, 11월 6일, 폴 비야 대통령 취임. 야당은 부정선거 규탄
2019년 2월 6일	미국, 인권 침해에 대한 제재로 카메룬에 대한 국방지원 중단 발표
2019년 8월 27일	영어권 지역에서 주말 소요 사태 발생, 최소 40명 사망, 영어권 지역 3주간 봉쇄
2020년 3월 6일	카메룬에서 첫 코로나 바이러스 감염자 발생

참고문헌

Claude Tardits, *Les bamiléké de l'ouest cameroun*, Editions berger-levrault, 1960.

Cyprien Awonw, *Le neo-patrimonialisme au Cameroun*, Héritage Branch, 2011.

Desmond Clark, J., *The Cambridge History of Africa, Volume 1*, Cambridge University Press, 2001.

Engelbert Mveng, *Histoire du cameroun*, Présence africaine, 1963.

Fage, J.D., *The Cambridge History of Africa, Vol. 2*, Cambridge University Press, 2001.

Fanny Pigeaud, *Au Cameroun de Paul Biya*, Éditions Karthala, 2011.

Garlake, P., *Early Art and Architecture of Africa*, Oxford University Press, 2002.

Hrbek, I., *UNESCO General History of Africa, Vol. III*, University of California Press, 1992.

Ki-Zerbo, J., *UNESCO General History of Africa, Vol. IV*, University of California Press, 1998.

Martin Atangana, *The End of French Rule in Cameroon*, University Press of America, 2010.

McEvedy, C., *The Penguin Atlas of African History*, Penguin Books, 1996.

Nicolas Demers-Labrousse, *La démocratie en Afrique subsaharienne*,

Le cas du Cameroun, Université de Sherbrooke, 2015.

Ntuda erode, Joseph Vincent, *La politique etrangère du Cameroun en Afrique centrale*, Université de Yaounde II–SOA, 2016.

Oliver, R., *The Cambridge History of Africa, Vol. 3*. Cambridge University Press, 2001.

Philippe Laburth–Tolra, *Initiations et sosiété secrètes au Cameroun*, Éditions Karthala, 1983.

Thomas Deltombe, Manuel Domergue, Jacob Tatsitsa, *La guerre du Cameroun*, La Découverte, Paris, 2016.

Victor T. Le Vine, *Le cameroun du mandat a l'indépendance*, Présence Africaine, 1984.

Williams Pokam Kamdem, Clovis Rodrigue Foutsop, *Petit dictionnaire d'histoire de la Réunification du Cameroun*, Premières Lignes, 2020.

카메룬의 역사

초판인쇄 2023년 1월 27일
초판발행 2023년 1월 30일

지 은 이 홍명희

펴 낸 이 홍명희

펴 낸 곳 아딘크라

주　　소 경기도 용인시 기흥구 탑실로 152
　　　　 대주피오레 2단지 202-1602
전　　화 031)201-5310
등록번호 2017.12. 제2017-000096호

인 쇄 처 **진흥인쇄랜드** 02)812-3694

ISBN 979-11-89453-17-6 93890

값 14,000원
ⓒ 2023

이 도서의 국립중앙도서관 출판예정도서목록(CIP)은 서지정보유통지원시스템 홈페이지(http://seoji.nl.go.kr)와 국가자료공동목록시스템(http://www.nl.go.kr/kolisnet)에서 이용하실 수 있습니다.(CIP제어번호: CIP2019004147)